KB078383

결혼

바다에 나갈 때는 한 번 기도하고
전쟁터에 나갈 때는 두 번 기도하고
그리고… 결혼할 때는 세 번 기도하라

차례
Contents

새 책을 쓸 때마다 혼잣말을 하는 버릇이 있다. "지난 번 책은 이번 책에 비하면 정말 쓰기 쉬웠어." 이번에는 그 소리를 입에 달고 살았다. 출판사에서는 이렇게 꼬드겼다. "선생님께서 써 주시면 재미있을 것 같아요." 남 탓하면 뭐하겠나. 속아 넘어간 내가 바보지.

일단 내용과 범위가 어마어마하게 넓었다. 결혼이라는 주제였지만 그 앞으로는 연애와 섹스가 있었고 그 뒤로는 가족과 육아, 부부생활과 이혼이 있었다. 그들 사이의 경계는 밀접한 것 같기도 했고 모호한 것 같기도 했다. 판단이 서지 않는 지점이 한두 군데가 아니었다. "이걸 다뤄야 하나 빼야

하나?" 확신은 늘 머릿속에서 오락가락하다가 흐지부지 사라져 버렸다. 물론 초반에는 의욕도 있었다. 잘 쓰고 싶기도 했다. 욕심과 능력 사이의 심한 부조화 속에서 담배만 한없이 타 죽었다.

지식총서이니 지식만 늘어놓으면 될 줄 알았다. 그래서 방향을 잡은 것이 결혼의 역사였다. 어떻게 시작해서 어떻게 흘러왔는지 적어 내려갔다. 약탈혼에서 시작해서 매매혼으로 그리고 최근에는 정략혼과 매매혼이 결합된 형태로. 그런데 지식이 아니라 해석이 필요한 작업이었다. 그렇다고 실용서도 아니어서 멋대로 코칭을 할 수도 없었다. 그저 소견을

다는 것이 할 수 있는 일의 최선이었다.

"결혼을 코앞에 둔 혹은 결혼 적령기에 들어선 남자와 여자들이 한번쯤 읽어 볼만한 책에 도전하자"는 것이 소박한 목표였는데 달성했는지는 잘 모르겠다. 다만 심하게 뒤틀리고 왜곡된, 걷잡을 수 없이 망가져 버린 대한민국 결혼이 어디어디가 잘못된 것인지는 꼭 지적하고 싶었다. 정체불명의 예절만 걷어 내도 결혼참사의 일부는 막을 수 있을 것이다. 물론, 알면서도 11월 11일만 되면 '빼빼로'를 주고받는 것처럼 아는 것과 실천은 전혀 다른 문제기는 하다.

이 책에는 뚜렷한 결론이나 독자의 판단을 유도하려는 의도가 없다는 사실을 미리 밝혀 둔다. 모든 인생은 다 다르며 그래서 정해진 답이 없고 그럼에도 불구하고 한결같이 소중하기 때문이다. 책을 쓰면서 내가 얻은 결론은 이렇다.

당신의 인생을 사랑하라. 당신의 인생을 사랑한 다음에 결혼을 하든지 말든지 하라.

자기 자신을 사랑하지도 않으면서 다른 사람을 사랑하는 것은 상대에 대한 가장 큰 결례이자 불행의 시작이다. 즐거운 독서 체험이 되시기를 진심으로 기원한다.

웨딩마치에 맞춰 면사포를 쓰고 우아하게 입장하는 신부는 현대 결혼식의 하이라이트다. 아무리 눈도장을 찍고 바로 밥 먹으러 가는 것이 요새 대한민국 결혼식장의 풍경이라지만 그래도 이 장면만은 보고 간다. 신부는 아름답다. 어쩌면 평생 처음이자 마지막일지 모르는, 수많은 사람들의 시선을 홀로 받으며 신부는 수줍은 듯 당당하게 연단을 향해 걸어간다. 대체 어떤 사람이 이런 아름다운 장면을 설계했을까 궁금해지는데, 기원을 찾아 올라가 보면 그다지 우아하지가 않다.

면사포는 주로 어망을 사용하여 신부를 약탈하던

북유럽 게르만(German)족의 변형된 유물이다. 그물 면사포는 낯선 사내들에게 사로잡힌 처녀의 상징이었던 것이다.

이뿐만이 아니다. 현대 결혼식의 여러 장면들은 그 연원이 대부분 약탈혼의 잔재들이다. 결혼식의 신랑 들러리는 약탈하러 갈 때 동행했던 친구들의 대열이었고, 식장에까지 들러리가 남아 있는 것은 혹시라도 신부의 가족들이 빼앗긴 신부를 되찾으러 올 때의 전투를 대비하던 흔적이다. 그 증거로 수많은 민족(훈족, 고트족, 서고트족, 반달족)들의 교회 제단 밑에서는 곤봉·창·칼 등이 발견된다. 거의 무기 창고 수준이다.

신랑이 신부의 왼쪽에 서는 이유도 식장에 신부의 가족들이 비우호적으로 난입했을 때 돌아서서 왼손으로는 신부를 감싸고 오른손으로는 무기를 잡아야 했기 때문이다. 신혼여행은 신부의 가족들이 신부를 포기할 때까지의 은신 기간이 변형된 것이며, 결혼반지는 신부를 약탈했을 때 채워두었던 족쇄가 앙증맞게 변한 것이다. 신부 들러리? 아마도 신부의 가족들이 들이닥쳤을 때 정확한 목표물을 포착하지 못하도록 혼란을 주기 위해 세운 것이 아닐까 추정된다.

슬프지만 인간이 행한 최초의 결혼 문화는 이렇게 신부 약탈에서 시작됐다. 언제부터, 도대체 왜, 어쩌다가. 먼 옛날, 결혼이 어떻게 시작되었고 어떻게 변해왔는지를 우리에게 알려 주는 재미있는 이야기가 있다. 공전의 베스트셀러 시오노 나나미(鹽野七生) 여사의 『로마인 이야기』에 나오는 로물루스(Romulus)의 전설이다. 이 이야기는 트로이(Troy) 전쟁의 마지막 장면에서부터 시작된다.

목마에서 튀어나온 그리스 병사들이 트로이를 불사르던 밤, 트로이 왕의 사위였던 아이네이아스(Aeneias)는 극적으로 탈출에 성공한다. 몇 척의 배를 나눠 타고 트로이를 빠져나오면서 아이네이아스는 어린 아이처럼 울었다. 10년이나 이어진 공방전에도 흔들리지 않았던 조국(祖國)이 허망하게 무너지고 있었다.

이탈리아 서해안으로 북상하던 일행이 다다른 곳은 지금 로마 근처의 해안이다. 아이네이아스는 거기에서 아들인 아스카니오스(Ascanius)에게 왕위를 물려주고 사망한다. 30년 후 아스카니오스는 아버지의 땅을 버리고 인근에 새로운 도시를 건설하여 알바롱가(Alba Longa)라고 이름을 붙이니 이것이 훗날 로마의 모체가 된다.

알바롱가의 왕이 죽자 동생이 왕위를 찬탈한다. 동생은 후손을 생산하지 못하게 조카인 왕녀를 신전의 무녀로 만들었지만, 군신(軍神) 마르스(Mars)와 왕녀 사이에서 남자 쌍둥이가 태어난다. 이후 왕녀는 감옥에 갇혔고, 갓난아이들은 바구니에 담긴 채 테베레(Tevere) 강으로 흘러간다. 바구니가 갈대숲에 멈췄을 때, 기갈로 울어 대던 쌍둥이의 소리를 듣고 늑대 한 마리가 나타나 자기의 젖을 물렸다. 얼마 후 늑대와 교대한 양치기가 아이들을 보살핀다.

청년이 된 두 아이, 로물루스와 레무스(Remus)는 훗날 출생의 비밀을 듣자마자 알바롱가로 쳐들어가 숙부인 왕을 죽인다. 그러나 둘은 알바롱가를 취하지 않았다. 대신 어린 시절을 보낸 테베레 강 하류에 도시를 세웠다. 둘은 구역을 나누어 도시를 다스렸지만 투 톱 시스템인 이런 모호한 평화는 오래 가지 못했다. 로물루스는 자신의 구역을 넘어온 레무스를 죽이고 근처에서 입지가 가장 좋은 팔라티누스(Palatínus) 언덕에 성벽을 쌓았다. 이렇게 로마가 만들어진다. 기원전 753년 4월 21일이었고 로물루스의 나이 열여덟의 일이다.

"결혼 이야기에 웬 로마인 이야기?" 하실 분도 있을 것이다. 이제부터 본격적인 결혼 이야기다. 로물루스를 따라 나선 무리는 3,000여 명. 모두 남자였고 모조리 독신이었다. 좀 이상하긴 하다. 가족이 통째로 따른 것이 아니라 모조리 남자뿐이었다니. 이들은 모두 노예였거나 아니면 시오노 나나미 여사의 소견처럼 부족에서 떠밀려난 자들이었을지도 모른다. 로물루스는 이들의 성욕을 해결해야 했다. 게다가 남

자만으로 이루어진 왕국은 한 세대면 끝난다.

　로물루스는 인근의 사비니(Sabini)족을 축제에 초대했다. 언어가 유사했고 반농반목이라는, 농사와 유목이 절반씩인 생활풍습도 같았으며 같은 신을 모시는 부족이었다. 사비니 족은 의심하지 않고 온가족이 축제에 참석했다. 축제가 절정 에 오르고 사비니족 남자들이 술에 취했을 때 로마 남자들 은 사비니족을 공격했다. 남자들은 갈지자로 도망쳤고 걸음 느린 여자들은 사로잡혔다. 로물루스는 여자들을 로마 남자 들에게 나누어 주었다.

사비니족이 가만히 있을 리 없었다. 여자들을 내놓으라며 네 차례에 걸쳐 로마에 쳐들어왔다. 한번은 로마 성벽에서까지 전투가 있었다니 제법 강하게 몰아쳤던 것 같다. 그러나 전쟁을 끝낸 것은 로마에 억류된 사비니족의 여자들이었다. 비록 약탈로 시작된 관계지만 시간이 흘러 자신들의 남편이 된 로마 남자들과 친정 식구들이 싸우는 것을 계속 두고 볼 수는 없었다. 여자들이 전쟁터에 뛰어들고 로마와 사비니족 은 화친을 맺는다.

원인을 제공했던 로마는 통 큰 양보를 한다. 사비니족에 게 언덕 하나를 넘겨 준 것이다. 당시 사비니족의 세력은 미 미했다. 성벽도 없이 살던 이들에게 로마의 제안은 매력적이 었을 것이다. 사비니족도 왕이 있었다. 로마에는 또 왕이 둘 이 되었다. 분쟁이 생길 여지가 충분했는데 운 좋게도 사비 니족의 왕이 통합과 동시에 사망해 버렸다. 아내들의 친정인 사비니족을 로마는 홀대할 수 없었고 이들의 통합은 차별 없는 통합이라는 좋은 습관으로 남는다. 이 관행은 지배보다 통합을 우선시하는 로마의 전통이 된다.

이렇게 약탈로 시작된 로마의 '아내 만들기 프로젝트'는 언덕 하나를 사후 할당하는 매매혼으로 끝난다. 이행기에 있 었거나 매매혼 정착 초기였거나 혹은 우연일지라도, 설화 하 나에 약탈혼과 매매혼이 다 들어 있다는 사실이 흥미롭다.

이렇듯 약탈혼과 매매혼은 인류의 혼인 문화에서 가장 오래되고 가장 대표적인 형태의 습속이다. 미개했던 시절의 유물로 이제는 사라진 문화일까? 불행히도 그렇지가 않다. 사라지기는커녕 교묘하게 위장 진화하여 여전히 우리의 혼인 문화를 지배하고 있다. 그 출발을 보자.

좋은 결혼이 극히 적은 것은,
그것이 얼마나 귀중하고
위대한 것인가를 보여주는 증거이다.

– 몽테뉴 –

What is good marriage?

1장

결혼의
시작

인류 최초의
가족

인류 최초의 결혼 문화는 민망하게도 신부 약탈에서 시작됐다. 왜 그랬을까? 물론 답은 여자가 부족해서다. 정확히는 결혼을 할 수 있는 대상으로서의 여자가 부족해서다. 그시절부터 벌써 성비가 맞지 않았던 것일까? 이 문제에 대한 답을 하기 위해서는 다소 학문적인 접근이 필요하다.

부락 사이에 접촉이 빈번하지 않았던 고대사회에서 근친상간이 보편적이었을 것이라는 추측은 어렵지 않다. 그런데어찌된 일인지 어느 때부터인가 근친상간이 금지된다. 혹자는 근친번식이 유전적으로 열등인자를 배출한다는 사실에대한 공포에서 금기가 만들어졌다고 주장한다. 이 경우 원

시인들이 유전학을 꿰뚫고 있어야 하는데 그 가능성은 별로 높아 보이지 않는다.

근친상간의 타부(taboo)가 인간의 본능이었다고 주장하는 사람들도 있다. 그럴듯하기는 하지만, 그렇다면 그 이전의 사례는 어떻게 설명할 것이냐는 반론을 피하기 힘들다. 게다가 프로이트(Sigmund Freud)는 근친상간에 대한 타부가 후천적으로 형성된다고 주장했다. 문자 기록이 남아 있지 않은 선사시대의 이야기다. 본 사람은 없다. 다만 이런저런 단서를 통해 추정할 뿐이다. 다행히 이 문제를 학술적으로 연구한 사람들이 있다.

가족사(家族史) 연구에는 세 명의 주요 인물이 등장한다. 바호펜(Johann J. Bachofen)과 맥레넌(John F. McLennan) 그리고 모건(Lewis H. Morgan)이다. 1861년 스위스의 문화사학자였던 바호펜이 『모권(母權, Das Mutterrecht)』이라는 책을 세상에 내놓기 전까지 가족사는 『구약 성경』의 세계관으로 설명되어 왔다. 『구약 성경』의 세계관은 수직적이다. 인간은 신에게, 백성은 왕에게, 노예는 주인에게, 자식은 아버지에게, 아내는 남편에게 복종하는 것이 도리였다. 최초의 상하 관계가 신과 인간 사이에 발생했다면, 같은 종 사이에서의 아래 위는 남자와 여자 사이였다. 여자는 출발부터 남자의 갈빗대를 적출하여 만들어진 존재였으니 가부장제가 가족 형태의 원

형이라는 사실은 의심할 수 없는, 너무나 당연한 것으로 인식되었다.

바흐펜의 『모권』은 그런 『구약 성경』의 세계관을 강타했다. 바흐펜은 『모권』에서 최초의 인간들이 제한 없는 섹스를 했고, 그러다 보니 혈통은 여계에 의해서만 따질 수 있었으며, 결과 여성은 존경과 신망의 대상을 넘어 집단의 우두머리였다고 주장했다(개인적인 소견을 덧붙이자면 이 부분은 좀 과하게 많이 나간 느낌이다. 바흐펜의 이론에 따르면 마치 여자가 실질적으로 권력을 장악하고 있었다는 것처럼 들리는데 원시시대라고 남녀 간의 완력 차이가 없었을 리 없다. 부계사회는 남자가 권력을 잡고 모계사회는 여자가 권력을 잡는 사회가 아니다. 양쪽 모두 남자가 권력을 잡았을 것이고 다만 자손이 생기면 부계사회는 남자의 씨족으로 들어가고 모계사회는 여자의 씨족으로 들어가는 것이 달랐다).

바흐펜의 등장으로 『구약 성경』은 신화의 영역으로 내려앉는다. 이어 바흐펜은 모권사회가 부권사회로 이행했다는 주장도 펼쳤지만, 그 이유를 종교적인 것으로 설명하여 모양새를 구겼다. 그의 역할은 거기까지였다. 바흐펜의 이론이 세련되게 전개되기 위해서는 좀 더 시간이 필요했다.

결혼의 시작

　다음 주자는 맥레난이다. 그는 특이하게 법률가였는데, 고대와 현대의 미개하거나 야만적인 여러 민족들 사이에서 약탈혼의 형태를 발견했다. 전쟁이나 약탈을 통해서만 아내를 구할 수 있었다는 것이다. 평화롭게 서로 주고받을 수 있는데 왜 굳이 전쟁을 했을까? 그것은 약탈 주도 부족이나 약탈 대상 부족이나 양쪽 모두 여자가 부족했기 때문이다.

　맥레난에 따르면 초기 인류 사회에서는 대규모의 여아 살해 풍습이 발견된다. 실제로 여아 살해는 북인도에서 발견된 풍습이었고, 당시 유럽의 많은 지역에서도 이 풍습이 자행됐을 것으로 추측했다. 그래서 대규모 여아 살해를 감행한 집단은 필연적으로 부족한 여성 배우자를 외부에서 찾을 수밖에 없었다는 설명이다.

여아 살해 풍습의 기원은 무엇일까? 약탈해 온 여자가 낳은 첫 아이를 죽이는 풍습은 이해가 된다. 자기 씨라는 확신이 없어서 죽였을 것이다. 그런데 여자 아이는 대체 왜? 전쟁에서 짐이 돼서 그랬다느니 먹는 것에 비해 노동생산성이 떨어져서 그랬다느니 여러 가설이 있지만 설득력이 떨어진다.

이 부분에서 인류학자 해리스(Marvin Harris)의 해석은 나름 들을 만하다. 그는 여아 살해 이유를 인구 조절 기능 때문이라고 설명한다. 즉 원시시대의 조상들이 생활 수준이 최악으로 떨어지는 것을 막기 위해(먹을 것은 대체로 한정되었다) 인구를 규제하는 대가로 치른 것이 전쟁이듯 생식 욕구를 조절하기 위해 인구 증가에 직접적인 영향을 미치는 여아를 살해했다는 것이다. 여자가 줄어들면 인구 증가는 그만큼 자동적으로 둔화되기 때문이다.

약탈을 해 왔지만 여자는 여전히 부족했다. 부족하면 나눠 써야 한다. 그래서 성립한 게 일처다부제다. 그 상황에서 아버지와 아이의 관계는 여성을 통해서만 드러날 수밖에 없었다. 모권제의 강화가 이루어진 배경이다.

맥레넌의 이론이 도전을 받게 된 것은 일부 민족들 사이에 일련의 남자들이 일련의 여자들을 공유하는 결혼 형태가 있었다는 증거들이 나타난 다음부터다. 떼로 혼인한다 하여 이를 군혼(communal marriage)이라고 하는데, 1871년 모건은 이 주장이 담긴 『고대사회』라는 책을 들고 화려하게 등장한다. 그는 아메리카 이로쿼이(Iroquois)족의 친족체계에 대한 연구 결과를 발표했는데 문제 해결의 실마리를 호칭에 대한 연구에서 찾았다.

모건은 원시 미개사회의 호칭이 지금과 달랐다고 주장했다. 그가 모델로 가져온 것은 폴리네시아의 하와이 군도에서 발견된 풍습이었다. 이 동네 원주민들은 모든 친족의 호칭이 다섯 가지뿐이다. 조부모, 부모, 형제자매, 자식, 손자다(더 길게 장수할 수 없어 증손자 같은 호칭은 없었으리라 추정된다). 그러니까 쉽게 말해 4촌이나 6촌이나 8촌이나 모두 형제자매라고 불렀다는 이야기다. 그리고 이 형제자매들의 자식인 한 세대 아래는 모두 '자식'으로 부른다. 조카라는 개념이 없었다는 말이다.

이런 호칭 체계가 쓰인 것은 형제의 처가 자신의 처도 되기 때문이다. 마찬가지로 아내의 입장에서는 남편의 형이나 동생도 남편이 될 수 있다. 모건은 이런 호칭 체계가 가능한 것이 형제와 자매들 사이에 집단혼이 이루어지고 있었기 때문으로 추정한다. 아침 방송 작가들이 군침을 흘릴 만한 막장 드라마 소재일지도 모르겠지만 역사를 현재의 시각으로 보는 것은 그야말로 미개한 짓이다. 당시에는 이상할 것이 전혀 없었다는 이야기다.

그리고 다섯 세대로 명칭이 구별된 것은 다른 세대 간에는 결혼이 금지되었기 때문이라는 부연 설명이다. 모건은 이런 식으로 세대 간의 집단혼이 성행하던 가족을 '혈연가족'이라 이름 붙이고 인류 가족 형태의 초기 모습으로 설정했다. 약간 어려운가? 쓰는 나는 더 어렵다. 거의 끝나간다. 내친 김에 조금만 더 감내하자.

모건은 이 혈연가족에서 좀 더 발전된 형태를 '푸날루아(punalua) 가족'이라고 불렀다(TV 퀴즈 프로그램에 나올 수 있는 수준의 교양이다. 외우자). 푸날루아란 '친근한 동료 동반자'란 뜻으로 하와이 원주민의 언어다. 혈연가족이란 혼인집단이 세대별로 구분된 것을 말한다. 그러니까 부모 세대와 자녀 세대의 세대 간 성관계가 금지된 형태다. 푸날루아 가족은 거기서 한 발 더 나아가(슬슬 문명으로 접근하는 중이다) 형제와 자매간의 성교를 금지한 형식이다.

친자매 형제간의 성관계를 금지하는 푸날루아 가족은 점차 그 금지의 범위가 넓어지면서 사촌형제자매간으로, 다시 사촌자매형제간에서 먼 촌수의 방계친족으로 확대된다. 이렇게 방대한 규모에서의 성관계가 금지되는 집단이 형성되는데, 이것이 바로 씨족이다. 씨족이 형성되고 혈족간의 혼인이 금지되면서 규율상 혼인이 가능한 여자가 부족해진다. 약탈혼이 시작된 기원이다.

살펴본 것처럼 인류 초기의 결혼이 약탈혼이었던 것은 당시 인류의 선조들이 유난히 폭력적이라서가 아니라 가족 제도의 발전과 제반 환경 변화에 따른 결과였다. 생산력의 발전에 따라 인위적인 개체(여성)수의 조절이 더 이상 필요 없게 되자 자연스럽게 약탈혼도 사라지게 된다.

흐느껴 우는
신부들

　동양은 어떨까? 동양 버전 원시 모권사회에 대해 진(秦)나라 재상이었던 여불위(呂不韋)가 편찬한 『여씨춘추(呂氏春秋)』에는 "과거 태고시대에는 군주가 존재하지 않았고 백성은 함께 모여서 군집생활을 하였다. 그래서 누가 자기 어미인지는 알지만 누가 자기 아비인지는 알지 못했다. 친척과 형제, 부부, 남녀 등의 구별이 없고 장유존비의 분별 역시 없었다"라고 기록되어 있다. 별반 다를 것이 없었다는 말이다.

　약탈혼도 마찬가지다. 서양과 마찬가지로 남아 있는 기록 곳곳에서 그 흔적이 발견된다. 혼인에 대해 『주역(周易)』에는 이렇게 적혀 있다. "머뭇거리네 / 네 필의 말이 배회하네

/ 비적이 아니라 / 혼인하는 사람들이로다 / 네 필의 말이 배회하고 / 여자는 흐느껴 우는구나" 노골적인 약탈혼의 풍경이다. 네 필의 말은 설명할 것도 없이 신랑과 그 들러리들이었을 것이다.

한편 『의례(儀禮)』에는 "초를 켜고 말에게 길을 비추다"라는 표현이 나오는데, 이는 밤에 신부를 맞는다는 것을 의미한다. 캄캄한 저녁에 신부를 맞이하는 이유는 약탈혼의 풍속과 관련이 있다. 상대측의 저항을 피하고 사후 도주를 쉽게 하기 위해서는 일몰 후의 작업이 수월했을 것이다.

그런데 글을 꼼꼼히 보면 분명 불법은 불법인데, 남의 눈에 띄는 것을 그다지 의식하지 않고 일을 벌이는 느낌이다. 노출을 꺼리지 않았다는 이야기다. 정식 혼인(婚姻)이면서도 모양새는 약탈의 형식을 취했다. 그것을 풍속이라고 부른다. 풍속 중에서 현재의 기준에도 맞는 것은 미풍양속, 맞지 않는 것은 구태(舊態)라고 한다. 물론 철저히 현대인의 시각이다.

현대에도 이런 풍습이 잔존한다. 중국의 소수민족들은 밤에 신부를 맞이하는 풍습이 있다. 그리고 결혼식 과정 중에는 밤에 신부를 납치하는 장면을 상징하는 행동이 들어 있다. 혼인의 혼(婚)자는 '장가들다'의 뜻이다. 혼인의 인(姻)자는 '시집가다'의 뜻이다. 그러니까 신부에게 축혼(祝婚)이라고 써서 축의금 봉투를 주는 것은 되돌릴 수 없는 결례다(무식을 티내는 짓이고 가끔 상대방 수준을 가늠하기 위해 이런 짓을 하는 분들도 있다고 들었는데 썩 바람직하지는 않다).

한편 혼(婚)자는 '계집 녀(女)'변에 '어두울 혼(昏)'자로 이루어져 있다. 어두운 밤에 장가를 든다는 의미이고, 그래서 혼례는 해가 떨어지려고 서산마루에 걸렸을 때 치르는 것이 원래 우리의 풍습이었다. 벌건 대낮에 혼인식을 치르는 것은 태양신을 모시는 서양의 풍속이다.

약탈혼 하면 일단 떠오르는 것이 보쌈이다. 고려시대에는 과부의 재가에 불이익을 안겨줬다. '자녀안(子女案)'이라고 해서 양반의 여자로 부정한 일을 하거나 세 번 이상 개가(改嫁)한 여성의 소행을 적어 그 자손의 관직 등용을 제한했다. 재가 금지 및 연좌제인 셈이다. 조선시대에는 과부의 재가가 아예 법으로 금지되어 있었다. 『경국대전(經國大典)』을 보면 개가한 여자의 자손은 과거시험에 응시하지 못하도록 하여 여성의 재혼을 막았다.

그러나 아무리 무지막지한 조선시대라도 인간에 대한 최소한 배려는 있었으니 그게 보쌈이다. 보쌈은 세 가지의 사회적 유용성을 가지고 있었다. 먼저 정식으로 결혼하지 못한 가난한 하층민이 아내를 얻을 수 있는 기회였다.

둘째는 법으로 금지된 과부의 재가와 그 과부의 생계를 도모할 수 있었다. 과부 입장에서는 강제로 업혀 간 것이니 재혼에 대하여 도덕적으로 비난받지 않아도 좋았고, 노총각이나 홀아비도 일단 보쌈에 성공하면 비록 범죄지만 죄를 묻지 않았다. 아마도 강제 보쌈보다는 합의 보쌈이 대부분이었을 것으로 추정된다. 최소한 두 사람 간에 혹은 가족들 간에 합의가 있었을 것이다. 속담에 '보쌈에 들었다'라고 하면 남의 꾀에 걸려들었다는 뜻이다.

셋째는 효용이라고 말하기는 좀 그렇지만, 양반가 자녀들의 액땜을 위해 이용되었다. 액땜이라는 것은 이런 식이다. 자기 딸이 과부가 될 팔자가 있다는 점을 들으면 그 집안에서 사내 하나를 밤에 몰래 납치해 딸의 방에 넣은 후 아침 해가 뜨기 전에 강에 내다 버렸다. 죽였다는 이야기다. 그로서 딸은 한 번 과부가 된 것과 다름없는 효과를 본 것으로 쳤다. 끔찍하다.

납치하거나
사오거나

시간이 흐르면서 약탈혼은 매매혼으로 바뀐다. 일부에서는 그 형식이 혼합되어 나타나기도 한다. 고대 부여에서는 한밤중에 신부를 훔쳐간 뒤 나중에 소나 말을 보냈다. 약탈혼과 매매혼의 혼합형이다. 약탈혼이 유목민들의 특기였다면 농경민들은 매매혼이 주류였다. 재물을 주고 여자를 사오는 것이다.

매매혼이 반드시 여성에 대한 즉각적인 '구입'을 의미하지는 않았다. 고구려의 데릴사위 제도 같은 할부도 있었다. 신랑이 신부 집에서 몇 년 살았다. 신랑이 노동력으로 신부의 값을 치렀던 매매혼인 셈이다.

반대로 여자가 결혼하면서 신랑 쪽에 가져가는 지참금 제도는 신부의 사회적 지위가 열등한 것에 따른 보상적 성격이 강하다. 지참금은 다음과 같은 기능을 했다. 자신이 정실이란 것에 대한 인정 요구, 출산한 아이에 대한 보호와 구타 없는 안전한 생활 등이다.

한편 혼인은 당사자끼리의 의사 결정이라기보다는 집안 대 집안의 의미가 더 컸다. 이를테면 형사취수(兄死娶嫂, levirate) 같은 풍속이 그렇다. 말 그대로 형이 죽으면 동생이 형의 아내, 즉 형수를 아내로 취하는 것이다. 혼인을 가문 대 가문으로 이해하는 시대에는 이상할 것이 없는 풍속이었다. 어차피 남자의 '집안'으로 시집간 것이니 남편이 죽었다고 해서 돌아올 이유가 없다. 계속 그 집안에서 남은 삶을 사는 것이 당연하다.

남자 쪽 집안의 입장에서는 남편이 남긴 유산이 여자에게 상속되었는데 여자가 다른 집으로 시집이라도 가게 되면 심각한 부의 유출이 발생하게 된다. 재산이 가문 밖으로 이탈하는 것을 막는다는 의미도 있지만, 형수와 자식 등 남은 가족들이 분가(分家)해서 떠나면 노동력에도 치명적인 손실이 온다. 한편 생존 환경이 척박한 북방의 초원과 사막에서는 남편이 없는 여자의 생존을 보장하는 방법이기도 했다.

귀족이나 왕족들에게서도 형사취수는 흔하게 발견된다.

고구려 고국천왕(故國川王)이 아들 없이 죽자 동생이 왕위를 물려받았는데 왕위뿐만 아니라 고국천왕의 아내였던 우씨까지 함께 취했다.

형사취수는 흉노(匈奴)족을 포함한 북방 유목민에게서 흔히 볼 수 있는 풍속인데 형수뿐만이 아니라 아버지의 부인 가운데 자신의 생모가 아닌 여자를 취하기도 했다. 아버지가 죽어 아들이 그 자리를 이으면 전부 아들의 여자가 되는 것이다. 이를 수계혼(收繼婚)이라고 부른다. 수계혼은 남편이 죽은 여자가 남편 가문의 남자에게 승계되어 재가하는 것으로, 남편의 형제, 심지어 남편의 아들 가운데 자신이 낳지 않은 아들에게 계승되기도 한다. 동서양을 불문하고 고대사회 곳곳에 있었던 풍속이니 지금 기준으로 손가락질할 일은 아니다.

수계혼이라면 중국 공인 유일의 여자 황제였던 당(唐)나라 측천무후(則天武后)를 빼뜨릴 수 없다. 무씨라는 성 때문에 무측천이라고도 부르는데, 당태종(太宗)이 군대를 일으킬 때 후원했던 집안의 딸로 처음에는 태종의 후궁(後宮)으로 궁궐에 들어간다. 몇 년 후 당태종이 죽자 그녀는 황실의 관례대로 절에 처박히는 신세가 되지만 얼마 후 태종의 아들인 고종(高宗)의 후궁으로 다시 궁궐로 돌아온다. 뒷이야기는 잘 알려져 있다. 고종의 여자들을 모조리 처치하고(젓갈을 담갔다는 이야기도 전해진다) 황제의 자리에 오른다.

중국의 4대 미녀인 한(漢)나라 왕소군(王昭君)의 경우도 유명하다. 왕소군은 평민 출신으로 궁녀로 뽑혀 궁으로 들어갔지만, 황제의 눈길 한 번 받지 못한 채 살던 수많은 비운의 궁녀들 중 하나였다. 운이 따르려니 흉노의 선우(單于: 흉노왕의 칭호) 호한야(呼韓邪)가 한나라 원제(元帝)에게 한나라의 궁녀 하나를 요구한다. 경쟁력 측면에서 제로였던 왕소군은 자원하여 호한야의 첩이 되고 그 사이에서 아들을 하나 낳는다. 호한야가 병사하자 선우 자리는 호한야의 본처가 낳은 아들 복주루(復株累)로 이어진다. 왕소군은 흉노의 습속에 따라 복주루의 여자가 되고 딸을 둘 더 낳았다. 한자리에 모여 앉으면 주고받는 호칭이 재미있었을 것이다.

어린 시절 읽었던 동화 중에 선녀와 나무꾼 이야기가 있다. 실은 이것도 약탈혼 이야기가 오랜 시간이 흐르면서 동화로 변한 것으로 추정된다. 나무꾼은 마음에 두고 있던 이웃 마을 처자가 목욕하는 것을 훔쳐보다가 옷을 숨기는 것으로 처녀의 귀향을 막고 아내로 삼는다. 처녀가 아이를 낳자 나무꾼은 안심하지만 그녀는 나무꾼이 감행불가의 마지노선으로 설정한 아이 셋을 데리고 친정으로 도망친다.

이렇게 약탈혼의 흔적은 우리 주변에서 아직도 흔하게 찾아볼 수 있다. 약탈혼 이야기는 이 정도로 하고 매매혼으로 가보자.

결혼의 성공은
적당한 짝을 찾기에 있는 것보다
적당한 짝이 되는데 있다.

– 텐드우드 –

2장

결혼이 비즈니스가 되다

로맨틱한 약혼반지의
안 로맨틱한 유래

길이가 같은 3개의 결정축이 서로 직각으로 만나는 결정의 형태인 등축정계(等軸晶系)의 탄소 결정체로서 각 탄소 원자가 4개의 다른 탄소 원자와 정사면체 형태로 결합된 지구상에서 가장 단단한 물체다. 인도에서 처음 사용되었으며 로마시대에 유럽에 수입되어 보석의 반열에 올랐다. 4월의 탄생석이며 승리와 불변의 사랑을 상징한다. 우리말로는 금강석이라고 한다.

이는 다이아몬드에 대한 설명이다. 지금은 약혼식을 생략하는 경우가 대부분이지만 한동안은 약혼식이 필수였던 시대가 있었다. 그리고 그 예물로 사용된 것이 다이아몬드 반지다. 기록에 남아 있는 다이아몬드 약혼반지는 프랑스 왕 프랑수아(François) 1세의 아들과 영국 왕 헨리(Henry) 8세의 딸 메리(Mary)의 약혼식을 위해 만들어졌다. 1518년 2월 28일, 프랑스 왕자가 태어나자 영국과 프랑스는 우호관계를 강화하기 위해 이들을 약혼시켰다. 이때 메리의 손가락에 끼워진 다이아몬드 약혼반지는 이후 유럽 사회의 첨단 유행으로 퍼져나간다.

약혼반지의 기원은 어떨까? 앵글로색슨(Anglo-Saxon) 사회에서 약혼한 남자는 그 징표로 자신이 가진 것 중 소중한 것을 반으로 쪼개 신부의 아버지에게 맡겨 두는 풍습이 있었다. 그러니까 결혼에 앞서 일종의 착수금이었던 셈이다. 서기 860년, 교황 니콜라우스(Nicolaus) 1세는 "약혼에는 약혼반지가 필요하다"라는 명령을 내렸다. 이때 파혼하게 되면 반지를 어떻게 할 것인지에 대한 원칙도 함께 정해졌다. 남자 쪽에서 파기하면 약혼반지를 돌려받을 수 없었다. 여자쪽에서 파기한 경우는 약혼반지를 돌려줘야 했다. 약혼반지는 매매혼, 즉 여성을 사고 파는 풍속의 대표적인 흔적이다. 언제부터일까?

최초의 결혼증명서는 기원전 5세기에 이집트의 엘레판틴(Elephantine)에 주재하고 있던 로마군 주둔병의 유품에서 발견되었다. 파피루스(papyrus)에 적힌 이 결혼증명서에는 열네

살의 소녀를 소 여섯 마리와 교환한다고 되어 있다. 뭐든지 법적으로 해결하기를 좋아했던 로마시대에는 결혼증명서가 몇 페이지나 되는 복잡한 법률 문서로 작성되었는데, 거기에는 결혼 지참금의 액수, 이혼이나 사망할 경우의 재산 분배에 대해서까지 빈틈없이 적혀 있다(요즘의 할리우드 스타들의 결혼은 반드시 이런 계약서가 첨부된다. 정치 제도도 그렇고 로마는 우리에게 많은 유산을 남겨주었다). 매매혼의 전성시대였던 중세로 가보자.

결혼은
돈 되는 사업

중세의 결혼 방식은 크게 문트 결혼(muntehe)과 프리델 결혼(friedelehe)이 있다. 남편이 부인에 대한 합법적인 지배권을 갖는 것이 문트 결혼이다. 프리델 결혼은 남녀 간의 사랑으로 이루어진 결혼을 말한다. 그런데 이때 남녀 간의 사랑은 자유연애를 말하는 것이 아니다. 프리델 결혼은 신분이 높은 귀족이나 왕족이 정부(情婦)로 삼은 여인과 결혼할 때 쓰던 말이다.

조금 더 살펴보자. 중세를 묘사한 풍속화를 보면 코흘리개 세 살 꼬마가 제 몸의 배나 되는 웨딩드레스를 질질 끌고 결혼식을 올리는 것을 볼 수 있다. 그 옆에는 허리가 굽기 직전의 중년이 시큰둥한 표정으로 신부를 내려다보고 있다. 무슨 이야기냐 하면 결혼은 철저하게 비즈니스였으며 집안끼리의 동맹이었다는 사실이다. '문트(munt)'라는 단어는 독일어로 '보호, 직권, 권한, 지배권'이라는 뜻이다. '에헤(ehe)'라는 단어는 결혼을 말한다. 문트 결혼은 여자가 아버지의 '소유'였다가 남편의 '소유'라는 과정으로 넘어가는 공정이었던 것이다.

비즈니스는 이익이 있어야 한다. 결혼은 전쟁을 막고 영토를 확장하고 위험을 제거하고 권력을 나누거나 집중하는 데 제격이었다. 1332년 영국의 이사벨(Isabel) 공주는 세 살 때 첫 결혼 생활을 시작했다(신랑의 주요 일과는 신부의 기저귀를 갈아주는 일이었을 것이다). 이후 이사벨 공주는 보헤미아(Bohemia)의 카를(Karl) 4세 등과 세 번의 결혼을 더 했고, 그 결과 그녀의 아버지 에드워드(Edward) 3세는 명예와 권력을 끊임없이 확대재생산할 수 있었다. '카노사(Canossa)의 굴욕'으로 유명한 신성 로마제국의 하인리히(Heinrich) 4세도 네 살 때 베르타 폰 투린과 결혼했다.

세 살짜리도 결혼시키는데 뱃속의 아이라고 불가능할 까닭이 없었다. 아이가 태어나기 전에 두 집안은 미리 사돈을 맺었다. 출산 후 성별이 다르면 계속 혼사 추진, 같으면 파혼이었다. 동성끼리 결혼시키지 않은 것은 어쨌거나 세상이 교회의 지배하에 있었고 『성경』에 나온 남녀 간의 결혼 형식을 보편적인 것으로 여겼기 때문일 것이다. 문제가 많아지자 교회는 일곱 살 미만의 결혼을 금지했다. 정책이 있으면 대책이 있는 법이다. 중세라고 다를 리 없었다. 어기면서 슬쩍 결혼한 사례가 차고 넘친다.

물론 이런 변칙적인 결혼이 대세는 아니었다. 주류는 성인과 대략 성인에 근접한 연령대의 결혼이었다. 이때 성인은 신랑 쪽이고 '대략' 성인은 신부 쪽이었다. 남자들이 어린 여자를 선호한 것은 출산 때문이다. 그러다 보니 남자 쪽의 나이가 많아 1200~1500년 사이 633명의 귀족들 중 75%의 남자가 먼저 죽어 아내를 과부로 만들었다. 여자들이 과부가 되는 데 걸린 시간은 평균 16년이었다. 원래 지참금은 신랑이 빨리 죽었을 경우 아내의 생활 대책을 위해 만들어진 것이다.

남편이 죽었을 때 상속은 어떻게 이루어졌을까? 중세 초기에는 3분의 1을 아내에게 주었다. 나중에 여기에 약간의 변화가 생긴다. 여자 쪽에서 가져온 지참금과 같은 금액을 신랑이 신부에게 내놓는 제도였다. 여러 번 결혼하고 수차례 과부가 될수록 여자들은 부유해졌다. 결혼한 여자들의 가장 큰 임무는 아이를 낳는 일이었다. 아이는 곧 장사 수단이었고 부실한 의술로 살아남는 아이가 많지 않았기 때문에 무조건 많이 낳아야 했다.

문트 결혼은 대부분 장자에게만 허락되는 혜택이었다. 장자 외에는 아버지의 재산을 축내는 것으로 여겨 차남부터는 결혼시키지 않고 수도원으로 직행하는 경우가 많았다.

결혼할 귀족의 아들들이 부족한 시기에는 결혼하지 못한 여자들이 넘쳐났다. 지참금은 높아졌고 이를 감당할 수 없는 가난한 귀족 집안은 딸을 한 단계 낮은 집안으로 보내 '방출'하거나 그게 싫거나 그 돈도 없으면 수도원으로 보냈다. 수도원이 폐기물 창고 역할만 한 것은 아니다. 수도원은 학교였으며 동시에 사교장이었다. 가장 수준 높은 교육이 이루어졌고 귀족 자녀들끼리 친분을 맺는 장소기도 했다.

시험의 밤

중세의 결혼이라고 모두 앞의 사례와 같았던 것은 아니다. 특히 재물이건 권력이건 주고받을 것이 별로 없었던 서민층에서는 자유연애 결혼 형식의 혼인이 많이 이루어졌다. 지방마다 특이한 풍속이 있었는데, 이 중 재미있는 것이 '시험의 밤'이다. 유래가 기사도여서 그랬을까 다소 낭만적이다.

시험의 밤은 두 단계로 나뉜다. '찾아가는 밤'과 '증빙의 밤'이다. '찾아가는 밤'은 당연히 구애를 의미한다. 그런데 낮에 가는 것이 아니라 밤에만 찾아갔다. 찾아간다고 처녀가 문을 열어 주는 것도 아니다. 총각은 어떻게든 처녀의 방에 들어가야 했는데 산타클로스처럼 굴뚝으로 들어가든 사다리를 놓고 창으로 진입하든 자유였지만 대문을 통과하는 정상적인 방법만은 제외됐다. 심지어 지붕을 뚫고 들어가는 경우도 있었다. 방법이 난해하고 어려움이 클수록 해당 처녀에게는 더 큰 인상을 주기 때문에 할 수만 있다면 기구를 타고 창문으로 들이닥치거나 땅굴을 파는 것도 고려했을 것이다.

그런데 여기에도 규칙이 있다. 방에 들어가서 처녀와 동침을 해서는 안 된다. 마을 법은 이를 엄격히 규제하고 있었고 어기면 몰매를 맞았다. 그럼 뭘 하느냐? 그냥 대화만 한다. 대신 처녀의 옆에 눕는 것까지는 허용이 되었다. 만지면? 그건 잘 모르겠다. 피 끓는 청춘인데 약간의 스킨십은 있지 않았을까 싶다. 여하튼 섹스는 안 된다. 총각은 처녀와 이런 저런 대화를 나누다가 처녀가 잠이 들면 방을 빠져나와야 했다. 그것도 아무 날이나 해당되는 것도 아니었다. 일요일과 축제일 그리고 축제일의 전날 밤만 가능했다. 서로 마음에 들면 재방문이 이루어졌다. 대화가 깊어지면 처녀의 옷 두께가 얇아졌다.

'찾아가는 밤' 다음으로 '증빙의 밤'이 이어진다. 그러니까 처녀가 허락을 한 상태고 이때는 같이 자도 된다. 다음 단계는 물론 공식적인 결혼이다. 아이가 들어서면 진행 속도가 빨라지기도 했다. 그런데 여기서 남자의 마음이 변하면? 그러니까 총각들 중에서도 바람둥이들이 있어 그저 맛만 보고(?) 끝내는 인간들이 있었던 모양이다. 임신을 했는데도 갑자기 그녀가 싫어졌다고 태도를 바꾸면 마을에서 쫓겨났다. 빵과 물만 먹고 8일간 감금된 기록도 있다. 반대로 여성이 관계를 허락한 후 남자를 거절한 경우도 있었다. 이때 역시 4일간 빵과 물만 먹는 처벌을 받은 기록이 있다.

당시 가톨릭은 이를 규제하지 않고 풍속으로 인정한 것으로 추정된다. 총각이 괜찮은 사람으로 소문났거나 처녀의 아버지가 마음에 드는 남자가 있으면 미리 지참금을 주어 '방문'을 요청하기도 했다. 물론 성사되지 않으면 지참금은 반납이다. '찾아가는 밤'은 진화를 거듭했다. 마을 처녀들은 친구들을 통해 그날 밤 누가 올 것인지를 미리 통보 받았다. 주로 서민층 사이에서 유행했던 이 방식은 점차 귀족층으로 파급된다. 모든 게르만 처녀들은 결혼하기 전에 남자와 자는 것을 당연하게 여겼다. '찾아가는 밤'은 슬슬 방탕해지기 시작한다. 결혼이 목적이 아니라 섹스가 목적인 방문이 성행했고 교회는 이들을 단속한다.

결혼을 하고도 아이가 생기지 않으면 최악의 사태다. 이때 남자 쪽에 문제가 있다고 사료될 경우 남편은 이웃집 남자에게 도움을 청했다. 청하는 사람도 진지했고 청을 받는 사람도 진지했다. 신혼부부가 첫날밤을 치르고 나면 반드시 먹는 음식이 닭고기였다. 이웃집 남자가 청을 받아들여 파종 작업을 마치면 남편은 그에게 '신부닭'이라고 불리던 닭요리를 가져다주었다. 일일 부부인 이웃집 남자와 아내는 그 닭을 맛있게 먹었고 남편은 시중을 들었다.

그러나 이 풍속은 오래가지 못한다. 사기로 발전하기도 하고 시기로 이어지기도 했다. 사기는 일단 청을 한 뒤 갑자기 현장에 나타나 이게 무슨 짓이냐며 이웃집 남자를 간통으로 협박하고 돈을 뜯어내는 것이다. 이웃집 남자 아내의 질투도 이 풍속을 뒤집는 데 일조를 했을 것이다. 남녀 관계라는 것이 일단 얽히고 나면 한번으로 끝나지 않는 법이다. 분명 후속의 만남이 있었을 것이고 난타전이나 살육으로 이어졌을 것이다.

'아버지의 것'에서
'남편의 것'으로

　민주주의의 본산이라고 일컬어지는 아테네는 어땠을까?
아내는 두 가지 이름으로 불렸다. 폐경 전에는 '출산 가능한
사람', 폐경 후에는 '늙은 여자'. 그리스어로 아내를 뜻하는
법률 용어인 다마르(damar)는 다마르조(damarzo)라는 동사 원
형에서 유래했는데, 이 동사의 원형은 동물을 길들이거나 쇠
를 구부릴 때의 '누르다'라는 뜻이거나 '처녀를 남편에게 복
종하게 하다'라는 의미였다.

　그때까지 여성에게 결혼은 주인이 달라지는 것을 의미할
뿐이었다. 아버지의 손에서 남편의 손으로, 손에서 손으로[이
관습을 '그의 손으로'라는 뜻의 인 마눔(in manum)으로 부른다] 소유

권이 넘어갔던 것이다. 이 흉측한 발상은 지금도 고스란히 살아 있다. 현대의 결혼식에서 신부는 아버지의 팔짱을 끼고 입장하며, 아버지는 자기 딸이 신랑 옆에 설 때까지 팔짱을 풀지 않는다.

여성의 지위가 낮은 것은 당연했다. "바깥일은 남자들 소관이니 여자들은 논의에 끼어들지 마시오. 여자는 집에 있어야 해롭지 않은 법"이라는 담론이 민주주의를 지배했다. 아테네 전성기 정치가 페리클레스(Perikles)는 "여자가 가진 최고의 영광은 남자들 입에 적게 오르내리는 것"이라는 기막힌 경고를 남겼다.

아테네 남자들은 아내를 여자들만 기거하는 별당에 가둬 놓고 가족 장례식 등의 공식적인 행사에만 외출을 허용했다. 아테네 남자들은 생식을 할 때만 아내를 찾았고 집안에서조차 소 닭 보듯 하였다. 아내는 애를 낳는 특별한 소유물이었다.

아테네 남자들은 낮에는 정치적이고 사회적 사안에 대해 토론하고 밤에는 어린 남자들이나 코르티잔(courtesan: 유럽 고급 창녀)의 원조인 정부(情婦)와 어울렸다. 정부는 남자의 지위를 증명해 주는 존재로 교양과 문화적 소양이 있으며 사회적으로나 성적으로 세련된, 그러니까 아내가 갖추지 못한 것을 다 가진 여자였다. 데모스테네스(Demosthenes)는 이렇게 말했다. "정부는 우리를 기쁘게 하기 위해 필요하고, 첩은 육체적 욕구를 매일 해결하기 위해 필요하며, 아내는 자녀를 합법적으로 낳아 주고 충실한 가정부 역할을 해주기 위해 필요하다." 말 다했다. 아테네는 남자들의 천국이었다.

여성에 대한 소유라는 측면에서 보면 『성경』도 만만치 않다. 『성경』에 나타난 여성에 대한 지위는 땅보다 낮았다. 프로테스탄트(Protestant) 개혁가들은 막대한 권력을 휘두르던 교회의 개혁에는 열심이었지만 이브의 이미지에 대해서는 전혀 개혁의 의지가 없었다.

칼뱅(Jean Calvin)은 이렇게 말했다. "여자들은 모든 인류의 멸망과 혼란이 자신들 때문에 온 것임을 알고 부끄러워해야 한다. 여자들로 말미암아 우리는 천국으로부터 버림받고 저주받고 쫓겨났다. 여자들은 겸손하고 온화한 상태를 유지하기 위해 하느님이 그들에게 내린 복종을 끈기 있게 견디고 자신을 낮추는 수밖에 다른 길이 없다." 하긴 구약의 외경인 『집회서』에 "죄는 여자로부터 시작하였고 우리의 죽음도 본디 여자 때문이다(25장 24절)"라고 했으니 당연하기도 했겠다.

기독교의 십계명은 그들이 여자를 어떻게 취급했는지 잘 보여 준다. "남의 아내를 탐하지 말라"라는 계명은 간통이 아니라 소유권에 관한 이야기다. "그의 집이나 땅이나 종이나 소나 나귀나 그가 소유한 그 어떤 것도 탐내서는 안 된다"라는 경구는 아내, 집, 종, 소가 법적으로 동등한 것이라는 사실을 알려준다. 모든 것은 그것을 소유한 남자의 합법적인 재산이었다.

아내에게 권태를 느낀 남자가 아내의 목에 밧줄을 매 시장(소시장)에 끌고 가서 가장 높은 값을 부르는 사람에게 파는 풍습이 1,000여 년 동안 성행했고 아내도 기꺼이 팔리기를 원했다. 이러한 하층계급의 비공식적인 이혼 방법은 최소한 1887년까지 지속되었다니 그저 놀라울 따름이다.

웨딩케이크와
결혼 행진곡

어둡고 어이없는 내용만 다루니까 결혼이라는 말만 들어도 숨이 턱턱 막힐 수 있겠다. 밝고 명랑한 이야기로 끝을 맺자.

웨딩케이크는 다산의 징표 가운데 하나로 시작된 풍습이다. 부와 번영을 뜻하는 밀은 신부 머리에 끼얹는 곡식 중에서 가장 오래된 곡식으로 결혼하지 않은 아가씨들은 다음 순서가 자신이기를 바라며 신부의 머리에서 흘러 떨어진 밀알을 주웠다.

다방면으로 유능했던 로마인들은 과자를 만드는 데도 일가견이 있었다. 그들은 결혼식에 쓰이는 밀알 대신 작고 달콤한 케이크를 만들었다. 용도는 물론 먹기 위해서다. 결혼식에 모인 사람들은 밀알을 신부에게 던지는 즐거움을 잊지 못했고 밀알 대신 이 케이크를 던졌다. 부서진 케이크 부스러기는 다산을 빌면서 신랑 신부가 함께 먹었다. 웨딩케이크를 잘라 신랑 신부가 먹는 이 관습은 서유럽 일대에 널리 퍼져 나갔다.

음식을 던지는 이 유쾌한 풍습은 경건함을 중시했던 중세에 들어와 주춤한다. 케이크는 다시 밀알에게 자리를 내준다. 그렇다고 내내 먹어 왔던 케이크를 안 먹자니 섭섭했다. 그래서 작은 비스킷을 던지는 풍습이 생겼다. 그 무렵 영국에서는 하객들이 결혼식에 가져온 비스킷 등 구운 과자를 한곳에 쌓아올려 산처럼 만들었는데, 높으면 높을수록 신랑 신부가 복을 많이 받는다고 여겼다. 과자를 얼마나 많이 가져왔는지 신랑과 신부는 그 과자산 위에서 키스를 했다. 먹고 남은 과자는 가난한 사람들에게 나눠 주었다.

런던을 방문했던 한 프랑스 요리사가 영국인들이 과자를 쌓아올리는 모습에서 영감을 얻어 여러 층으로 된 거대한 케이크를 만들었다. 당시 영국인들은 이 화려한 케이크를 별로 달갑게 여기지 않았지만 17세기가 끝날 무렵에는 어느 결혼식장에서나 이 케이크를 볼 수 있었다.

누구나 알고 있는, 전 세계적으로 가장 유명한 세 곡을 꼽으라면 생일 축하 노래, 인터내셔널 가(歌), 웨딩마치다.

신부가 입장할 때 깔리는 곡은 1848년에 바그너 (Wilhelm R.Wagner)가 작곡한 오페라 「로엔그린 (Lohengrin)」 중 '결혼 행진곡'이다. 식을 마친 신랑 신부가 퇴장할 때 연주하는 곡은 멘델스존(Jakob L. F. Mendelssohn)이 1826년에 작곡한 「한여름 밤의 꿈」 중에서 '결혼 행진곡'이다.

1858년 독일 황제 프리드리히 빌헬름(Friedrich Wilhelm)의 결혼식 때 신부인 영국의 빅토리아(Victoria) 황녀가 이 두 곡을 선택했다. 당시에는 생뚱맞아 보이는 해프닝이었지만 왕실이 하는 것이라면 무조건 따라하고 보는 영국인들이 그대로 넘어갔을 리가 없다. 눈 깜짝할 사이에 이 두 곡은 영국의 모든 결혼식에서 울려 퍼졌고, 얼마 후 서양 결혼식의 전통이 되었다. 세계에서 가장 유명한 클래식이라고 해도 좋겠다.

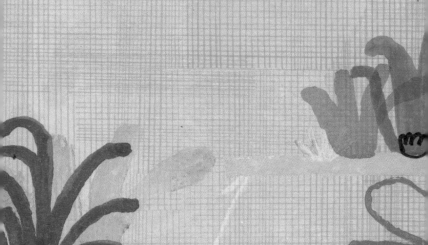

결혼은 자기와 동등한 자와 할 일이다.
자기보다 뛰어난 상대는 반려가 아니라
주인을 구하는 꼴이 되기 때문에.

– 클레오불루스 –

3장

우리의
옛날
결혼이야기

처가살이에서
시집살이로

기록으로 볼 때 고대와 중세의 우리나라는 모계제 사회에 가까웠던 것으로 보인다. 일단 고구려의 서옥제(婿屋制)부터가 그렇다. 서옥은 사위가 머무르던 공간이다. 약혼을 하면 신부 측에서는 본채 뒤에 작은 별채를 짓는다. 그리고 결혼식 날 신랑은 해질 무렵 신부 집으로 와서 지참금, 폐백을 전한 뒤 신부와 함께 서옥에 든다. 그렇게 신부 집에서 여러 해를 살다가 독립하는 방식이 서옥제다.

췌서제(贅壻制)도 있다. 췌서란 데릴사위를 말하는데 이 췌(贅)자가 재미있다. 보통은 혹이나 군더더기라는 뜻으로 쓰인다. 사위를 혹이나 군더더기, 즉 자기 집 식구로 치지 않왔다는 이야기다. 사위는 백년손님이라는 표현과 어딘가에서 만난다.

췌서제에는 여러 가지 방식이 있었다. 솔서제(率壻制)는 자식을 낳을 때까지만 처가에 머무는 제도다. 예서제(豫壻制)는 결혼 전에 미리 처가에 들어가 처가 일을 거드는 것을 말한다. 다 기한에 따른 분류다. 이런 식의, 처갓집에 살다가 남자 집으로 돌아오는 남귀여가혼(男歸女家婚)은 고려를 이은 조선 초기까지의 주된 혼인 풍습이었고, '장가든다'는 말의 유래기도 하다. 율곡의 어머니 신사임당은 결혼 20년차인 마흔의 나이에 율곡과 다른 자식들을 데리고 친정인 강릉을 떠나 시집인 한양으로 올 때 발길이 안 떨어진다는 애절한 한시를 지었다. 즉 20년 동안이나 율곡의 아버지 이원수가 처가살이를 했다는 얘기다.

영화 「명량」으로 다시 부각된 이순신도 처가살이를 꽤 오래 했다. 조선 최고의 명궁이었던 장인에게 활쏘기를 배운 것은 이순신의 큰 소득이었을 것이다.

남귀여가혼 풍속은 조선의 4대 왕에 이르러 제동이 걸린다. 유교를 본보기로 삼고 왕권을 강화하려던 세종이 중국의 결혼 제도인 친영 제도(親瀯)로 혼인 제도를 바꿔 버린 것이다. 친영 제도란 지금의 결혼 제도처럼 부인이 남편 집에 들어와서 사는 것을 말한다.

친영 제도가 세종 때 불쑥 튀어나온 것은 아니다. 성리학을 통치이념으로 삼은 조선의 신진세력들은 어떻게든 고려의 유습과 결별해야 했다. 결별해야 할 첫번째가 남귀여가혼이었다. 조선 건국의 이론적 기반을 만들었던 정도전은 이 풍습 때문에 여자들이 자기 부모를 믿고 남편을 가볍게 여긴다며 친영례(親迎禮) 실시를 주장했다.

그러나 『주자가례(朱子家禮)』라는 성리학적 당위에도 불구하고 뿌리 깊은 전통 혼인 제도를 쉽게 바꿀 수는 없었다. 세종은 솔선수범했다. 숙신옹주를 결혼시킬 때 친영례를 거행했다. 왕실까지 나섰지만 효과는 별로였다. 심지어 조선을 건국한 사대부들조차 협력하지 않았다. 그 결과 결혼 후 거주지는 여전히 처가에 머물지만 단지 혼례 절차에만 변화를 가져온 이른바 반친영제(半親迎制)가 조선 중기 이후 혼례의 주류가 된다. 절반의 성공인 셈인데 그러다 보니 혼인을 치르고도 시부모를 보지 못한 경우도 많았다.

노론의 영수였던 김수항 집안을 보자면 그의 딸이 혼인한 후 얼마 되지 않아 죽었는데, 그때까지도 시부모를 보지 못했다. 혼인 후 거주지가 여전히 신부 집이었다는 이야기다. 송시열과 함께 당대 예학을 대표하던 이유태 집안도 사돈인 윤문거와 주고받은 서신을 보면 혼인 후 며느리가 친정집에 꽤 오랫동안 거주했음을 알 수 있다. 『세종실록』에는 "우리 풍속은 처가에서 처가살이를 하게 되면 아내의 부모 보기를 자기 부모처럼 하고 아내의 부모도 역시 그 사위를 자기 자식과 같이 봅니다"라고 묘사한 대목이 있다. 바꾸지 못해서 억지로 미화한 느낌이다.

정치적인 이유도 빼놓을 수 없다. 태조 이성계는 부인이 6명이고 8남 5녀를 두었다. 이 중에는 통치기반 강화를 위한 정략적인 결혼도 있었다. 그런데 외척들이 득세하여 갈등을 일으키면 통치가 어려워진다. 게다가 아이들이 외가 집에서 자라다 보니 벼슬에 진출해 자리를 잡으면 당연히 외가 쪽의 삼촌들과 가깝게 지냈고 이들의 입김에서 자유로울 수 없었다. 외척들의 세도를 누르기 위해 왕들이 적극 나선 것은 당연한 일이다. 태종의 피도 눈물도 없는 통치에서 이를 엿볼 수 있다.

태종이 왕비인 원경왕후 민씨의 네 남동생인 무구, 무질, 무휼, 무회를 죽이고 처가를 초토화시킨 것도 외척에 대한 경계의 성격이 강했다. 여기에는 양녕이 외가에서 자라 삼촌들과 가까웠다는 사실도 단단히 한몫했을 것이다. 이렇게 사대부 남자들을 중심으로 한 가부장적 양반사회가 본격적으로 시작된다. 국가 통치이념을 성리학으로 바꾸고 굳히는 과정에서 처가살이 같은 모계사회의 유산들은 계속 위축된다.

전통 혼례에 대해 알아야 하는
두세 가지 것들

17세기 중반 이후로 접어들면 시집살이가 확실히 대세로 자리 잡고 비례하여 여성의 지위도 하락했다. 재산도 아들에게만 상속되고 그것도 장자, 장손 위주로 굳어진다. 여기에서 남아선호사상이 출발하고 고부갈등이 사회적 전통이 된 끝에 현재의 속칭 '시월드'로 정점을 맞는다.

앞서 말한 대로 지금은 너무나 당연하게 받아들여지는 시집살이는 원래 우리 것이 아니다. 철저히 부계친족 중심이었던 중국의 전통이고 그 시작도 겨우 400년밖에 안 된 전통이다. 남자 쪽 집안을 우선시하는 남가위주(男家爲主)의 혼례식은 그 유래가 매매혼이나 약탈혼에 닿아 있고 여가위주(女

家爲主)의 우리나라 고대 풍습은 봉사혼에서 그 유래를 찾아볼 수 있다.

'현구고례(見舅姑禮)'라는 말이 있다. 신부가 시부모와 시댁 사람들에게 인사를 올리는 것으로 폐백(幣帛)의 원래 말이다. 현재는 예식장에서 결혼식 직후 바로 '처리'해 버리는데 원래는 그런 것이 아니었다(아마 왜 하는지 알고 하는 분들이 많지 않을 것이다). 우리나라의 전통 혼례 문화를 보면 그 형식들이 어떻게 왜곡되고 엉망으로 진행되는지 알 수 있다.

『주자가례』의 「육례혼례제(六禮婚禮制)」는 의혼(議婚), 문명(問名), 납길(納吉), 납징(納徵), 청기(請期), 친영(親迎)의 순으로 진행되었으며, 사례혼례제(四禮婚禮制)는 『주자가례』를 근간으로 조선시대 숙종 때 도암 이재가 편찬한 『사례편람(四禮便覽)』을 기반으로 하고 있다. 의혼(議婚), 납채(納采), 납폐(納幣), 친영(親謁)의 순서로 현대 혼례식의 기본 틀이 된다.

의혼은 중매자와 혼사를 의논하는 것을 말한다. 남자 집에서 의뢰하기도 했지만 매파(媒婆) 즉 중매쟁이가 고객들을 찾아다니며 다리를 놓기도 했다(당시에는 직업은 아니었다). 납채는 신랑 집에서 신부 집으로 청혼서와 신랑의 사주를 보내는 것이다. 서류를 접수한 신부 집에서 허락이 떨어지면 감사의 뜻으로 신랑 집에서 신부 집으로 납폐서와 혼수품을 보내는 것이 납폐다.

마지막으로 친영은 신랑이 신부 집에 가서 예식을 올리고 신부를 데리고 오는 것으로 좁게는 혼례식 자체만을 말하기도 하며, 현재 전통 혼례의 형식 중 유일하게 남아 있는 것이다. 친영(신랑이 신부를 친히 맞이한다는 뜻)은 신랑이 신부를 자기 집으로 맞이하여 혼례를 치르는 것을 말한다.

그러나 전통적으로 신부 집에서 혼례를 치르고 신방을 차리는 것이 관행이어서 『주자가례』의 친영 풍속은 실제로 잘 이행되지 않았다. 조선 후기에 이르러 이를 절충하여 신랑이 신부 집에서 초례를 행한 뒤 당일이나 사흘 후에 자기 집으로 돌아와 부모님께 폐백을 올리고 인사를 하는 형식으로 굳어진다.

사례혼례에는 빠져 있지만 『주자가례』에 나온 연길(涓吉)과 문명(問名)은 알고 가는 것이 좋겠다. 연길은 신부 집에서 신랑 집으로 납폐와 전안(奠雁: 신랑이 신부 집에 기러기를 바치는 것)할 날짜를 정해 택일단자(擇日單子)를 보내는 것이다. 즉, 혼사일 결정은 신부 측 소관이었다는 이야기다. 문명은 말 그대로 납채가 끝나면 여자 집 어머니의 이름을 묻는 것을 의미한다. 딸의 교육에 있어서 어머니가 더 중요하고 그래서 어머니 집의 가풍을 보던 모계중심사회의 유습이기도 하다.

복잡한 것은 다 끝났다. 이제 질문을 던져 보자. 오늘날 우리가 치르는 혼례식은 중국식 친영 개념의 혼례식인가 아니면 우리 민족의 고유 혼례 문화인 남귀여가혼에 근거하는 반친영 개념의 혼례식인가? 구체적으로 세 가지 질문이 가능하겠다. 첫째, 혼례식 날짜는 남자 집에서 결정하는가 아니면 여자 집에서 결정하는가? 둘째, 혼례식을 거행하는 예식장 선정은 남자 집에서 결정하는가 아니면 여자 집에서 결정하는가? 셋째, 예식장에서 폐백을 받는 것이 올바른 예법인가?

1970년대를 거치면서 우리나라의 혼례 문화는 친영으로 완전히 바뀌었다. 바뀐 것까지는 좋은데 몇 가지 전통도 한 꺼번에 말아먹었다. 힘 있는 혼주(婚主: 자주 들어보셨을 것이다. 이 단어를 잘 기억해 두시라. 결혼의 주체가 당사자가 아니라 그 부모임을 알리는 단어다)는 세를 과시하기 위해 남자 집에서 일방적으로 결정하기도 한다. 혼례식과 잔치(피로연)를 구분하지 못해서 그렇다.

예식장에서 폐백을 받는 것은 이제 당연하게 되었다. 물론 이는 예식장 업자들이 벌인 만행이다. 돈이 있고 없고를 떠나 교양 있는 집안이라면 내 집안에 들어오는 새 식구의 첫인사를 밖에서보다는 집에서 받는 것이 당연하다. 지금의 방식은 뿌리도 없고 몰상식한 결혼 방식이다. 남귀여가혼이든 친영이든 결국 다 예전 혼례 문화이니 이제 그 구분이 의미 없을 수 있겠다. 그러나 알고는 살아야 하지 않겠는가?

이제 중매결혼으로 넘어가 보자. 중매(仲媒)는 말 그대로 사람들 사이에서 인간관계를 중개하는 것으로서 중매결혼이란 양가 사이에서 흔히 매파(媒婆)라고 불리는 중매인이 혼인을 성사시키는 결혼 형태를 말한다. 중매혼이 전통사회의 지배적인 혼인방식이 된 것은 고려시대의 조혼풍속과 밀접한 관련이 있다.

고려 말, 나라가 원나라의 지배하에 놓이면서 여자를 바치는 공녀정책이 시행되자 백성들은 딸을 빼앗기지 않기 위해 딸의 나이가 열 살만 되면 혼인을 시키고 이를 관청에 신고했다. 아무리 목적이 있더라도 열 살 아이를 서른 살 남자에게 맡기지는 않을 것 아닌가? 덕분에 신랑의 나이도 덩달아 어려졌다. 나이가 어린 남녀 간의 혼인은 당사자들의 의견이 아니라 부모의 의사에 따라 결정되었고 조혼풍속의 성행으로 중매혼이 더욱 기승을 부린다.

이렇게 시작된 중매혼은 조선시대에까지도 지배적인 혼인방식이었는데 남녀의 엄격한 격리와 혼인을 개인의 결합이 아닌 집안의 결합으로 여기는 전통적 가치관과 맞물리면서 대세가 되었다.

신식으로
결혼한다는 것

　사실 근대 이전에는 동서양을 막론하고 중매결혼이 대세였다. 연애결혼이 주류로 떠오른 것은 근대 이후의 일이다. 200년도 안 된다는 말씀이다. 사랑이 결혼을 결정하는 주요한 요소가 된 것은 19세기 영국 빅토리아 여왕 시대부터였다. 사회학자들은 서구에서 근대적인 결혼관이 등장한 것이 미국 독립전쟁과 1830년 사이였다고 말한다. 재산, 가족, 사회적 지위는 여전히 결혼을 결정하는 중요한 요소였지만, 최종적으로 사랑이 배우자를 택하는 가장 중요한 기준이 된 것은 그즈음이었다는 것이다.

　19세기 후반, 결혼을 했건 안 했건 자립을 추구하는 이른바 '신여성'들이 등장했다. 1874년 개혁주의자 애바 굴드 울슨은 "나는 아내, 어머니, 교사이기 이전에 나 자신을 위해 존재할 권리를 가진 여성이다"라고 자기 독립 선언을 했다. 이들은 교육 받을 권리와 경제적 자립을 요구했고 강요된 결혼을 거부했으며 산아제한을 원했다. 결혼에서의 '개인의 탄생'이다. 1960년대의 '성혁명'을 거치면서 성의 자유, 피임약, 낙태의 합법화를 옹호하는 성문화가 유행했고 결혼과 비혼(미혼이 아니다. 미혼은 결혼을 당연한 것으로 전제한다)은 선택사항이 되었다.

구한말 이후 개화기를 거치면서 우리의 혼인 문화는 서구 문화와 일제 식민지시대의 영향으로 신식혼례와 구식혼례가 병존하게 된다. 1934년 11월 조선총독부는 '의례준칙'을 발표한다. 4대에 이어 7대 총독으로 부임한 우가키 가즈시게(宇垣一成)의 담화문은 "총독부의 통치로 다양한 발전이 있어 왔으나 생활양식 중 각종 의례와 같은 것은 구태가 의연하여 오히려 개선할 여지가 적지 않다. 그중에서 혼장례(婚葬禮) 세 가지의 형식 관례와 같은 것은 지나치게 번문욕례(繁文縟禮)하여 엄숙하여야 할 의례도 종종 형식의 말절에 구니(拘泥)되어 그 정신을 몰각(沒却)하지 아니할까 우려할 정도에 이르렀다. 지금에 와서 이를 혁정개역(革正改易)하지 않으면 민중의 소실을 예측할 수 없을 뿐만 아니라 지방의 진흥과 국력의 신장을 저해하는 일이 실로 작지 않을 것이다"로 되어 있다.

쉬운 말을 참 어렵게도 한다. 간단히 말해, 각종 의례가 너무 구태의연하다, 개선해야 할 게 많다, 그중에서 혼인이나 장례 등이 너무 형식에 치우쳐서 오히려 그 숨은 정신을 잊어버릴 지경이다, 지금이라도 바꾸지 않으면 경제적으로도 힘들고 국력을 키우는 데도 지장이 크다는 뜻이다.

아마도 조선의 풍속을 없애고 싶었던 것인지도 모르겠다. 문화가 살아 있으면 정신이 잘 죽지 않으니까. 그래서 '예(禮)'를 들어내고 그 자리에 '의례(儀禮)'를 앉혔다. 예는 전통이고 의례는 근대의 상징이다. 혼례에서는 약혼식을 중요 절차로 삼고 장소는 신사나 사원, 교회당으로 확대됐다.

원래 우리나라 약혼은 옛 혼례의식의 사주단자에서 유래한 것이다. 남자 집에서 사주와 치맛감 한두 벌을 여자 집에 가져가면 여자 쪽에서는 축하의 주연을 베풀었던 것이 약혼식으로 이어졌다. 물론 일제가 주창하지 않았더라도 신식 결혼을 한 사람들은 있다.

우리나라 최초로 신식 결혼을 한 사람은 신랑 조만수와 신부 김롯시였다. 1897년 4월 18일의 일로, 아쉽지만 장소나 주례 등에 대한 자세한 기록은 남아 있지 않다. 그러나 족두리에 연지곤지를 찍고 신랑의 얼굴을 감히 쳐다보지도 않은

채 시집을 가던 시절에 드레스를 입고 신랑과 팔짱을 낀 채로 퇴장을 했으니 대단한 사건이라고 할 수 있다.

해방 이후 1957년에는 '혼상제 의례준칙 제정위원회'를 결성, '의례규범'을 제정했고 1961년에는 재건국민운동본부에서 만든 '표준의례'를 보건사회부가 공포했다. 1969년 1월 '가정의례준칙에 관한 법률'과 시행령이 발포됐다. 산업사회로 접어들면서 이웃과 친척들이 신부 집에 모여 혼례를 올리고 동네잔치를 벌였던 풍경이 막을 내린 것이다.

혼례만을 위한 공간인 결혼식장은 여러 곳에 흩어져 살고 있는 가족, 친족집단이 결혼식 참가를 위해 잠시 모였다가 헤어지는 새로운 만남의 장소이자 의례의 장소가 되었다(참고로 외국에는 전문 결혼식장이 없는 나라가 많다. 이들은 구청이나 시청에서 결혼한다. 이탈리아, 터키 등이 그렇다).

1969년 제정된 가정의례법은 경조사의 허례허식과 의례식장의 영업을 규제했다. 박정희 대통령이 발표한 담화문은, 낡은 습관과 낭비는 빨리 시정되어야 하며 전통이란 소중한 문화유산이기는 하지만 살려야 할 것은 정신이지 형식이 아니고 우리는 동방예의지국이라는 이름 덕분에 남의 이목과 체면을 두려워했는데 이제는 그것을 벗어던져야 한다는 말로 요약할 수 있다.

조국 근대화라는 이름으로 강요된 이 가정의례법의 수명은 무려 30년이나 된다. 국가가 개인사에 개입했던 것이니 그다지 바람직해 보이지는 않지만 당시에는 당시의 논리가 있었을 것이다. 이 법은 1999년 2월 전면 개정되었고 가정의례 관련 규제들이 대폭 풀리게 된다.

일단 그동안 가까운 친지에 국한됐던 인쇄물을 이용한 하객초청 범위제한이 없어졌고 5개 이하로 제한되었던 화환 규제가 풀렸다. 결혼식장과 결혼상담소는 신고업종에서 자유업종으로 바뀌었고 야외나 식당에서 하는 결혼식 등이 가능해졌다.

호텔 예식은 호화스럽고 사치스러운 행사로 위

화감을 조성한다는 이유로 마지막까지 묶여있다가 1993년 12월 27일 법률 제4637호에 의거 특2급 이하 호텔에서의 예식장 영업이 허용된다. 특1급 호텔에서의 혼인 예식도 1999년 8월 9일 이후 전면 허용된다. 1998년 10월, 헌법재판소가 경사 기간 중 주류나 음식물을 접대하면 200만 원 이하의 벌금을 내릴 수 있다는 가정의례법 관련 조항이 위헌이라는 판결을 내린 결과였다.

특1급 호텔의 예식 출현은 예식시장의 판도를 바꿔 놓았다. 고급화가 시작된 것이다. 호텔 예식은 기본적으로 상위 계층을 위한 것이었던 만큼 예식의 진행과 연출에서 예비 신랑 신부에게 동경의 대상이 되었으며 이용객은 날로 증가하고 있다.

최근의 호텔 예식은 호텔의 사활을 건 중요한 영업 분야이며 대부분의 호텔이 결혼 예식만 전담하는 상담실과 지배인들을 별도로 둘 정도로 비중이 커졌다. 비중이 커졌다는 것은 이익이 많이 남는다는 말의 다른 표현이고, 이 호텔 예식은 가장 소모적이고 소비적이며 우리 결혼 문화를 병들게 하는 요인 중의 하나로 자리 잡게 된다. 자세한 것은 다음 장에서 소개한다.

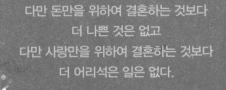

다만 돈만을 위하여 결혼하는 것보다
더 나쁜 것은 없고
다만 사랑만을 위하여 결혼하는 것보다
더 어리석은 일은 없다.

- 존슨 -

4장

그대,
결혼할 수
있을까?

결혼으로부터
소외된다는 것

결론부터 말하자면 현재 우리나라에서는 서양 결혼식에 전통이 섞여 있고 그나마 전통이 콩가루가 되어가는 가운데 매매혼과 정략혼과 지참금 제도의 흔적이 남아 있는 국적 불명, 시대 불명의 결혼 제도가 성행 중이다. 한마디로 줄이면 '최악'이다. 나쁜 것이란 나쁜 것은 다 모여 있으니 인류 역사상 최악이라고 말해도 좋다.

정략혼이라는 단어가 등장했다. 대체 무엇일까? 결혼은 종족의 유지와 확장이라는 목적을 추구하기 위한 이성애적 결합이다. 이렇게 본질적인 측면이 강조된 결혼을 본연혼(本然婚)이라고 한다. 이에 반해 결혼을 수단으로 하여 다른 측면을 추구하려는, 외형적으로만 결혼의 형식을 취하고 있는 남녀의 결합 형태가 있다. 정략혼(政略婚)이다.

인류의 역사만큼이나 긴 이 정략혼의 목적은 욕망을 달성하기 위한 우월한 사회적 지위와 재화의 획득에 있다. 결혼은 수단일 뿐이고 정략혼에서 결혼 당사자인 두 남녀의 애정 유무는 당연히 일차적 고려 조건이 아니다. 정략혼자들은 가능하면 지위와 재화의 획득을 동시에 목표로 했지만 여의치 않을 경우 그중의 하나만을 노릴 때도 있었다. 재화보다 지위를 목적으로 할 경우 이를 득위혼(得位婚)이라고 하고 재화를 목적으로 할 때는 취화혼(取貨婚)이라 한다. 이 취화혼은 일반적으로 매매혼이라고 부르는 결혼 방식과 유사하다.

결혼의 역사를 거슬러 올라가 보면 본연혼적이라기보다는 정략혼적인 경향이 더 강하게 나타나는 것이 사실이다. 결혼 당사자의 사적인 행위가 아니라 부족이나 종족, 특히 가족 쌍방 간의 집단적 필요와 합의가 더 중요했다.

남성 위주의 사회에서 결혼 적령기의 처녀는 자기 집단의 지위와 재화를 확충하는 데 기여하는 거래의 대상이었다. 그 이유로 대다수 고대 사회에서는 재화를 반대급부로 받는 조건으로 집안의 여성을 출가시키는 매매혼이 성행했다. 약탈혼이 매매혼으로 바뀐 것은 앞에서 이야기한 바 있으니 생략한다. 그래서 정략혼의 주역은 결혼의 당사자가 아니라 혼주었고 결혼 당사자는 정략혼의 희생자였다.

재미있는 것은 이 정략혼이 현대에도 여전히 유행하고 있으며 그 주연이 혼주에서 결혼 당사자로 바뀌고 있다는 사실이다. 그것도 중매인을 통해서가 아닌 스스로 자신의 정략혼을 주선하는 방식으로. 그들은 자기 스스로를 상품(商品)으로 내걸고 가격을 매기면서 서로 상대방의 '상품'과 '품질' 및 '가격'과 비교, 흥정을 벌인다. 고대의 정략혼이 당사자의 의견을 고려의 대상으로 삼지 않았던 데 비해 현대의 정략혼은 당사자가 스스로 그것을 선택한다는 점에서는 자율적이다.

그러나 고대의 당사자가 정략혼의 희생자였다는 점에 비해 현대의 정략혼자는 이러한 일탈적 결혼을 스스로 선택하고 있다는 점에서 스스로를 결혼에서 소외시키고 있다. 소외란 철학적인 개념이기는 하지만 어려운 용어는 아니다. 소외는 한마디로 '낯설어 보이는 것'을 말한다. 결혼에서 자신을 소외시키고 있다는 이야기는 결국 결혼과 그 결혼으로 얻어지는 모든 환경에서 스스로가 낯설어지고 있다는 말이다. 남편이나 아내도, 결혼 생활이나 심지어는 자녀까지도. 자기 주도 정략혼의 소외 효과라고 부를 수 있겠다.

정략혼이라는 말에는 다들 거부감을 느끼겠지만 솔직히 결혼을 앞둔 상황에서 '전략적'인 사고를 하지 않는 사람은 없다. 상대방이 마음에는 들지만 가진 것이 없어 망설인다면 정략혼의 변형심리다. 비슷한 조건이라면, 아니 조금 떨어지더라도 지위와 재화가 다소 앞선다면 선택의 거울추가 그쪽으로 이동하는 것도 정략혼적 사고의 결과다. 그러니까 전략적 사고가 다른 조건을 압도할 때 정략혼이라 부를 수 있겠다.

결혼의 자격

　문제는 이 정략혼이 현재 대한민국 사회에서 너무나 당연하고 심지어 최선을 다해 추구해야 하는 것처럼 노골적이라는 사실이다. 그것도 그 기준이 지나치게 상향평준화된 채로. 이를 부추기는 것이 일부 결혼 정보회사들이다. 오른쪽의 표를 보자.

　재산과 학벌과 신체로 태연히 사람을 구분하고 있다. 총점 240점 만점인데 나는 어디쯤에 속하나 따져 보면 한숨이 절로 나올 것이다. 서울대를 졸업하고 (부모)재산이 100억 원 이상에 키는 185cm, 체중은 75kg여야 1등급을 받을 수 있다. 반면 재산이 3억 원 이하에 2년제 대학을 나오고 키가

어느 결혼 정보회사의 남성 회원 등급표 1

등급	재산내역	점수	학벌	점수	키와 몸무게	점수
1	100억 원 이상	100점	서울대, 카이스트, 미국 명문대	80점	185cm, 75kg	60점
2	60~100억 원	95점	연세대, 고려대, 미국 100위 권 대학	77점	186cm, 73kg	58점
3	50~60억 원	90점	서강대, 성균관대, 한양대, 서울교대	74점	181cm, 71kg	56점
4	40~50억 원	85점	중앙대, 경희대, 외대, 시립대, 해외 4년제 유학	71점	179cm, 69kg	54점
5	30~40억 원	80점	동국대, 건국대, 홍익대	68점	177cm, 67kg	52점
6	20~30억 원	75점	부산대, 경북대, 전남대	65점	175cm, 65kg	50점
7	10~20억 원	70점	기타 서울, 수도권 4년제	62점	173cm, 63kg	48점
8	5~10억 원	65점	지방 광역 국립대, 해외 칼리지	59점	171cm, 61kg	46점
9	3~5억 원	60점	지방 4년제	56점	169cm, 59kg	44점
10	3억 원 이하	55점	2년제 대학	53점	167cm, 57kg	42점

· 비고 : 외모에서 얼굴과 몸매는 기본적으로 '무난'해야 함.
· 대머리 −10점, 보기 심한 흉터 −5점, 키 190cm 이상이거나 167cm 미만은 비율대로 2cm당 −5점, 몸무게 5kg 증감시 −5점

170cm 정도면 총점이 150점으로 1등급과 90점이라는 격차가 난다. 1등급은 상대가 누구라도 골라잡을 수 있다. 10등급은 선택의 폭이 좁은 것이 아니라 결혼하기 힘들다. 또 다른 표도 있다.

이번에는 친절하게 학과와 직업군까지 연결시켜서 등급을 매긴다. 웃기는 것은 1등급에서 15등급까지 중 무려 14등

등급	졸업학력	직업	점수
1	서울대 법대	판사	100점
2	서울대 법대	검사	97점
	서울대	행정고시 합격자	
	비 서울대 포함	5대 로펌 변호사	
3	서울대 의대	의사	94점
	비 서울대	판·검사, 행정재경직 합격자	
	비 서울대 포함	대형 로펌 변호사	
4	4년제 대학(유학 포함)	행시, 외시, 사시 합격자	91점
		사법연수원 500등 이하	
		로펌 변호사, 치과 의사, 변리사	
		300인 이상 기업 CEO 및 임원	
5	5대 의대	서울대, 연세대, 성대, 울산대, 카톨릭대 의사	88점
	서울대, 연세대, 고려대	외국계 대기업 종사자, 금융권 공기업 종사자	
	스포츠 스타	해외파 축구 및 야구 스타	
6	서울대, 연세대, 고려대	변호사, 약사	85점
	메이저 한의대	경희대, 원광대, 동국대 출신 한의사	
	비 5대 의대 포함	성형외과 및 안과 의사	
7	서울대, 연세대, 고려대	검찰·국가정보원·국세청 7급 합격자, 5대 회계법인 회계사	82점
	4년제 대학(유학 포함)	메이저 공기업A, 100인 이상 기업 CEO	
	비 3대 한의대	한의사	
	경찰대학교	경찰간부 합격자	
8	4년제 대학(유학 포함)	메이저 공기업B, 지방직 7급 합격자, 공인회계사, 세무사, 보험 계리사	79점
9	서울대, 연세대, 고려대	20대 대기업 입사자	76점
	4년제 대학(유학 포함)	10인 이상 기업 CEO, 제1금융사 입사자	
10	4년제 대학(유학 포함)	메이저 공단 입사자, 제2금융사 종사자, 법원·검찰·국세청·서울시 9급 합격자	73점
11	4년제 대학(유학 포함)	고등학교 교사, 50대 대기업 입사자, 증권사 영업직, 보험 영업관리직, 디자이너	70점
12	4년제 대학(유학 포함)	중학교 교사, 100대 기업 입사자, 제약 영업직, 공인중개사	67점
13	4년제 대학(유학 포함)	초등학교 교사, 대기업 입사자, 9급 합격자, 마이너 공사 입사자	64점
14	4년제 대학(유학 포함)	일반기업 입사자, 교정직 공무원, 소방직 공무원, 유치원 교사	61점
15	2년제 대학 이상	중소기업 정규직 입사자	58점

급까지 '유학 포함'이 들어 있다는 사실이다. 4년제 대학을 졸업했거나 아니면 유학이라도 다녀와야 한다는 이야기다. 15등급은 2년제 대학 이상 졸업인데 직업은 '정규직 입사자'다. 비정규직 1,000만 시대에 대체 이 표는 어느 나라 국민을 대상으로 하고 있는 것인지 모르겠다.

이 결혼회사가 문제라고 생각하는가? 아니다. 이 도표는 세상의 인심을 그대로 반영하고 있다. 사람들은 이 표를 보면서 욕을 하지만 속으로는 자기가 어디쯤 위치하는지를 슬그머니 따져 본다. 『우리는 차별에 찬성합니다』라는 책이 있다. 한 대학 강사가 학생들을 가르치면서 토론하고 연구하고 그들에게 들은 것들을 모아 옮긴 것인데 요즘 대학생들은 스스로를 등급화하는 데 매우 익숙하다는 다소 충격적인 내용이 나온다. 윗단계를 부러워하고 열등감을 느끼면서 자기보다 아랫 단계 대학 재학생에 대해서는 가차 없이 냉정하다. 같은 대접을 받는 것을 절대 용납하지 않는다.

책의 내용을 보면 가령 이런 식이다. 서울대생이 서강대생에게 어느 대학에 다니느냐고 물으면 '……서강대'라고 대답한다. 그런데 2년제 대학생이 물으면 '서강대!!!'라고 대꾸한다. 이것이 현실이다. 저자는 학생들이 괴물이 되었다고 한다. 승자독식 사회에서 더 암울하게 '형질 변환'된 청춘을 한탄한다. 그 학생들이 졸업을 하고 세상에 나오면 이 표를 공고히 하는 데 기꺼이 힘을 보탤 것이다. 우리가 탓하는 세상은 결국 우리가 만든 것이다.

또 다른 이유는 대한민국이 지나치게 화려하기 때문이다. 그리고 그 화려함을 누구나 누릴 수 있다고 착각하게 만드는 혹은 누려야 한다고 압박하는 매스미디어의 무분별한 여론 증폭에서 온다.

연예인 스타들은 화려하게 결혼한다. 검소함이란 초라함의 다른 말일 뿐이고 웨딩드레스 비용과 예물은 나날이 기록을 갱신한다. 예능 프로그램들은 앞 다투어 이를 확대재생산한다. 이를 동경하는 일반인들에게 이들의 결혼은 벤치마킹 대상이다. 스타가 했다는 ○○스튜디오 촬영, ○○드레스, ○○메이크업 등은 바로 잇 아이템(it item)이 된다. 그 유명한 '스드메' 3종 세트다.

가상은 현실보다 더 무섭다. 드라마 속 결혼식 장면에서 신부는 한 벌에 5,000만 원짜리 명품 웨딩드레스를 입고 크리스털 부케를 든 채 입장한다. 식장은 호텔이고 500명 하객 기준 식사가 1인당 평균 10만 원 그리고 호텔에서 필수로 제시하는 꽃값은 2,000만 원에 달한다. 10명 당 1병씩 구매하게 되어 있는 와인과 무대연출을 더하면 하루 예식비가 1억 원을 가뿐히 넘어간다. 드라마는 끝났지만 드라마 속 결혼식 장면은 사람들의 머릿속에 그대로 남는다. 드라마에 익숙해

지면 그 드라마는 현실에서 기준이 된다.

절제의 미덕이 사라진 것도 이를 부채질한다. 1980년대까지만 해도 좋은 학벌과 많은 재산은 자랑거리가 아니었다. 좋은 의미든 나쁜 의미든 사회적인 풍토가 그랬다. 이제는 다르다. 부(富)를 과시하는 것은 죄가 아니다. 그 결과 경제 상류층은 거침없이 부를 자랑하고 그 아래 계층은 욕하면서 따라간다. 그냥 따라가는 것이 아니라 무리하면서 따라간다. 결혼 업체만 신난다. 나쁜 측면에서 평등주의의 확산이다. 어쩌다 그렇게 되었는지 역사적인 배경을 살펴보자.

우리가
어떤 집안인데

우리는 모두 성(姓)을 가지고 있으며, 성이 없는 사람은 상상하기 어렵다. 그런데 우리가 가진 성이 원래 자기 성이 아니라면? 조선 초기에는 성을 가진 사람이 10%에 불과했다. 왕족이나 권문세가 사람들이다. 나머지 90%는 성이 없었다. 그냥 막동이, 개똥이, 음전이, 사월이, 돌쇠 같은 '이름'으로만 불렸다. 가령 길동이는 길에서 낳았다고 붙인 이름이다. 성은 고위층, 부유층의 전유물이자 상징이었다.

그러던 것이 임진왜란이 끝나고 성이 부쩍 늘었다. 나라 살림은 개판이 되었고 돈을 주고 성을 사는 사람들이 늘어났다. 돈 있는 상놈들은 호적에 성씨를 올리고 양민 행세를 했다. 양반의 족보를 가져다가 위는 그대로 베끼고 아래 칸에 자신의 이름을 써 넣으면 그것으로 끝이었다. 족보를 갖게 되면 일단 군역이 면제다. 세금도 내지 않는다. 물론 그 이유만은 아니었을 것이다.

조선은 말로만 봉건사회이고 실제로는 상위 10%가 하위 90%의 피를 쪽쪽 빨아먹는 노예제 사회나 다름없었다. 신분 때문에 얼마나 피눈물을 흘렸겠는가? 얼마나 그 신분에서 탈출하고 싶었을 것인가?

1909년 민적법이 시행된다. 당시 일제 순사들이 가가호호 방문을 하면서 성씨 신청을 받았다. 덕분에 전 국민이 성을 얻었다. 정확히는 자기 성을 만들었다. 집성촌이라는 것이 있다. 성이 같고 본이 같은 사람들이 모여 사는 곳이라는 의미인데 실은 집단으로 단체로 성과 본을 취득한 것일 가능성이 높다.

우리나라에 김씨와 이씨가 많은 이유는 그때 많은 사람들이 김씨와 이씨를 선택했기 때문이다. 김씨는 안동 김씨, 이씨는 조선왕조의 전주 이씨에 대한 선망에서 왔을 것이다. 현재 우리나라 인구의 20% 정도가 김씨고, 15% 정도는 이씨다. 둘을 합치면 무려 35%로 머릿수로 치면 1,700만 명에 가깝다.

일본도 메이지유신(明治維新) 전에는 상놈들에게 성이란 것이 없었다. 성을 만들 때 일본인들은 대세를 따라가는 방식을 취하지 않고 독자적으로 자기 성을 지었다. 현재 일본의 성씨는 대략 30만 개 정도로 추산된다. 미국도 성씨가 수만 개다. 우리나라로 치면 김, 이, 박에 해당하는 것이 스미스, 존슨, 윌리엄스인데 다 합쳐 봐야 3% 안팎이다.

6·25 전쟁은 다시 한 번 신분 세탁의 기회를 가져온다. 문서는 소실되고 북쪽에서 피난민이 내려오면서 족보가 온통 뒤죽박죽 내지는 사적(私的)으로 재구성되었다. 그래서 현재 우리 모두는 양반의 후손이다. 당장 이 글을 쓰는 필자 역시 남이 장군의 십 몇 대 손인가 그렇다(확신할 수는 없지만).

전 국민이 모두 양반인 나라는 지구상에 대한민국밖에 없다. 모두가 양반이다 보니 혼례 역시 양반이 기준이다. 상놈 집안이어서 혼례를 대충 치러도 되는 집안은 하나도 없다. 신분 질서를 옹호하려는 것이 아니다. 세상은 평등하지 않다. 세상에는 분명 계급 혹은 계층이라고 부를 만한 것이 존재한다. 계층은 나름의 문화와 소비 형태를 가지고 있다. 그런데 우리에게는 외견상 그런 것이 없다. 왜냐하면 우리는 다 같은 양반의 자손이니까.

결혼 당사자들만 문제라고 생각하면 곤란하다. 이른바 혼주도 마찬가지다. 대한민국 결혼에서 주인공은 남녀 커플이지만 연출자는 부모들이다. 결혼식장은 시부모나 장인, 장모가 경쟁하는 사회적 지위의 경연장이다.

화려한 결혼식은 의외로 부모님들의 체면이 반영된 경우가 많다.

게다가 금전적으로도 중요한 행사다. 그동안 뿌린 것을 회수하는 것은 물론이고 현재 지위에 따른 보상 역시 뿌리치기 힘든 유혹이다. 당사자들의 소박한 결혼식 제안은 부모에게 바로 퇴짜를 맞을 수밖에 없다. "우리가 어떤 집안인데"에서 시작해서 "업계 사람들이 날 어떻게 생각하라고"까지 이유는 다양하다. 하객들을 일일이 붙잡고 "실은 좋은 데서 하려고 했는데 우리 애들이 소박하게 하자고 해서……" 같은 말을 늘어놓기는 쉽지 않다.

하객, 친지들은 이 비판에서 자유로울 수 있을까? 별로 그렇지가 않다. 다들 화려함에 익숙해 있는지라 검소를 초라함으로 이해한다. 당장 피로연 식사만 해도 그렇다. 아무리 신부 드레스가 멋지고 식장 분위기가 세련돼도 식사가 부실하면 바로 불만이 나온다.

"그 결혼식 어땠어?" 물으면 대부분 이렇게 대꾸할 것이다. "음식이 별로였어." 질문과 답변은 영원히 평행선을 긋는다. 이런 상황인데 어느 커플이 겁도 없이 피로연 음식으로 도시락을 대령할 수가 있을까? 아무리 의도가 좋아도 두고두고 욕을 먹을 것이다. 결혼에 관한 한 한국 사회는 총체적으로 병들어 있다.

신기한
결혼의 조건

이제 구체적으로 왜곡된 한국의 결혼 시장과 문화를 살펴볼 차례다. 다 하자면 이 책 한 권으로는 부족하다. 해서 몇 개만 골랐다. 먼저 예단이다. 예단은 외국인들이 한국 결혼식을 보면서 기겁하는 대표적인 품목이기도 하다.

원래 예단은 결혼 선물로 오가는 비단을 뜻했다(예물로 보내는 비단의 줄임말). 신랑 집에서 예물로 비단을 보내면 신부는 이를 가지고 시부모의 옷을 바느질해 공경의 의미로 바쳤고 시부모는 소정의 수공비를 신부에게 돌려보냈다.

이것이 변질된 게 지금의 예단 문화다. 예단 대신 돈을 시부모에게 주고 시부모는 이 중 절반이나 3분의 1을 신부 치장비라는 명목으로 돌려주는 것이다. 이런 변화는 어떻게 생긴 것일까?

원래 우리의 혼인 문화는 검소하게 치르는 것이 미덕이었다. 이 미덕이 신분제가 무너지는 일제시대를 거치면서 부유한 중인이 몰락한 양반 등과 결혼하거나 어느 한쪽이 기울 때 들려 보내는 지참금 형식의 예단이나 값비싼 혼수로 변했다. 예단과 혼수는 나날이 거창해졌고 '가정의례준칙'으로 통로가 막히자 현금으로 형태를 바꿨다. 가정의례준칙은 없어졌지만 전통은 살아남았다. 선물과 현금을 패키지로 묶어 보내는 이상한 형태로.

예단비로 시세라는 것이 있다. 통상 신랑 쪽에서 마련하는 집값의 10% 정도가 공정가다. 물론 더 보내면 더 좋다. 물론 이 사실은 알고 보내야 한다. 『명심보감』에 쓰여 있다. 혼사에 재물을 논하는 것은 오랑캐의 일이라고.

진짜 나쁜 것은 이제부터다. 예단과 혼수 같은 것은 필요 없다고 하는 시부모다. 그런데 진짜로 안 하면 화를 낸다. 그러니까 본심은 "됐다니까 뭐 이런 걸……"하면서 받고 싶은 것이다. 개념도 챙기고 실속도 챙기고. 설사 시어머니가 손을 내저어도 주변에서 두고 못 본다. 시어머니 주변에서 그리고 신부 주변에서. 결국 하게 된다.

예단 삼총사는 반상기와 은수저, 침구다. 집집마다 필요 없는 여분의 이불이 장마다 쌓인 이유이기도 하다. 반상기 와 은수저도 그렇다. 요즘 은수저로 밥 먹는 집을 본 적 있는 가? 장식장이나 어디 구석에서 잠자기 마련이다. 시댁에 잘 보일 기회라는, 반대로 말하면 평생 책잡혀 살 꼬투리를 주 지 말라는 주변의 말에 흔들리지 않을 신부와 친정어머니는 없다.

외국인들은 신부 집에서 신랑 집으로 돈을 보내는 것을 이해할 수 없다는 표정이다. 지참금은 역사책에나 나오는 풍 습이라는 설명이다. 가문 대 가문이 현금을 주고받는다? 야 만이나 미개로 들리는 모양이다. 신부 집에서 보낸 현금을 되돌려주는 것에는 아예 경악을 금치 못한다. 예물을 돌려보 낸다는 것은 파혼의 의미라는 설명이다. 물론 외국인들의 시 각을 의식할 필요는 없다. 그러나 사람 사는 세상은 대체로 보편적이다. 그들이 이상하다고 생각하면 어느 정도 이상한 것이 틀림없다.

신부의 십자가가 예단이라면 신랑의 십자가는 예물이다. 신부 쪽 어머니는 예물로 신랑을 달아 본다. 예물에도 시세 가 있다. 전체 결혼 비용의 10~15% 정도다. 예물도 진화한 다. 처음에는 반지 하나였던 것이 반지, 목걸이, 귀걸이의 한 세트로 발전했고, 추가로 2개를 더 얹는 5세트라는 홀수식

증가를 보이더니 최근에는 다이아몬드 반지 하나를 기본으로 하고 반지를 솔리테어링과 커플링, 가드링으로 받는다.

예물의 약점은 구매와 동시에 가격이 하락한다는 것이다. 예물을 패물이라고도 하는데 화장대 서랍에 굴러다니기도 하니 폐물(廢物)이라 해도 상관없겠다. '다이아몬드는 영원히'라는 카피는 드비어스가 만들어 낸 현대 결혼의 신화다. 영원한 것은 다이아몬드가 아니라 드비어스다. 다이아몬드는 잘 긁히지 않지만 망치 같은 것으로 치면 쉽게 깨진다. 가격도 5부 이하는 되팔 때 제값을 받지 못한다. 다이아몬드는 영원하지 않다.

마지막은 신혼집이다. 장담컨대 만병의 근원이자 만악의 출발이다. 실은 이것 때문에 결혼을 못 하거나 미루는 사람이 많다. 그런데 정확히 말하자면 들어가서 살 만한 신혼집이 없는 것이 아니라 '눈에 차는' 신혼집을 구할 수 없기 때문이다. 물론 시작부터 강남이나 분당이나 일산의 30평대 아파트에서 출발하는 커플도 있다. 문제는 그럴 여력이 전혀 되지 않는 사람들조차 기준이 거기에 맞춰져 있다는 것이다.

주변의 누군가가 결혼했다고 하면 대뜸묻는 질문이 있다. "신혼집은 어디래? 평수는?" 여기서 전세로 경기도 외곽이나 20평대라는 답이 나오면 표정이 급변한다. 실은 이 질문 자체가 현실적이지 않다. 사회생활 5년에서 10년차의 월급

쟁이 남녀가 결혼할 경우 둘이 모은 돈을 합치면 잘해야 1억 원 정도다. 1억 원으로 서울에 전세를 얻을 수는 없다.

강남 3구가 아니더라도 20평대의 아파트는 대부분 2억 원 이상이다. 집을 구할 수가 없는 것이 정상이다. 그런데 집이 어디냐고 물어보다니. 그런데도 이런 말도 안 되는 문답이 정상으로 통하는 곳이 지금의 대한민국이다. 이 질문은 결국 부모에게 얼마나 도움을 받았느냐는 남자 쪽의 경제력에 대한 질문이다.

대체 남자가 집을 마련해야 한다는 전통은 어디서 나온 것일까? 없다. 전혀 없다. 그런데도 신부 집안에서는 이 사실을 당연한 것으로 치부한다. 성에 차지 않는 집밖에 마련할 수 없다는 말에 파혼을 하는 경우도 많다. 물론 시부모 입장에서야 잘난 사위 얻어 주변에 자랑하고 싶을 것이다. 그런데 그런 사위가 흔한가? 처음부터 사위를 눈 깔고 보게 되는 사유가 된다. 낮춰 보는 장모를 좋아할 사위는 없다. 불화의 뇌관을 안고 결혼 생활을 시작하는 꼴이다.

결국 신혼집은 주변의 시선과 양쪽 집안의 자존심과 관계된 문제다. 주변의 시선을 받아칠 자신이 있다면 그리고 양가에서 신혼집에 대한 기대치를 포기하면 어렵지 않게 해결할 수 있다. 둘 중 더 해결이 어려운 것이 자존심 문제다. 처가에서 부실한 신혼집을 용인한다면 해결이 쉬워진다. 해결사 역할은 신부의 몫이다.

작은 신혼집이 문제가 되는 것은 혼수 때문이다. 커다란 양문 냉장고와 드럼 세탁기 같은 게 들어가고 벽걸이 TV에 홈시어터 비슷한 것까지 밀어 넣으려면 당연히 20평대 이상이 필요하다. 그것이 아니라면 10평 남짓한 공간에서 신혼살림을 시작하지 못할 이유가 없다.

예전 이야기를 하면 늙은이 소리를 듣는 것이 요즘 세태지만 1970~1980년대에는 단칸방 살림이라는 표현이 있었다. 마루도 거실도 없고 달랑 방 하나와 부엌이 전부인 공간에서 신혼부부들은 참 잘도 살았다. 왜 그것을 못 하는 걸까? 부모의 노후 자금을 헐고 대출을 받아 집을 장만하면 그만큼 예단 값도 따라서 상승한다. 악순환과 선순환의 두 길 중 나쁜 길로만 가는 것이다.

집값은 거리에 반비례한다. 서울에서 멀어지면 가격은 낮아진다. 수도권에서 1억 원 정도의 전세를 얻는 것은 그렇게 어렵지 않다. 다만 좀 멀다. 김포, 남양주, 인천, 시흥, 안산, 수원, 의정부, 고양 등 듣기만 해도 다리가 아프고 멀미가 나는 지명들이다. 출퇴근이 고단할 것이다. 그러나 그 나이 때는 시간과 돈을 맞바꿔야 하는 나이다. 출퇴근 시간에 소요되는 시간을 체력으로 감당해야 한다는 말이다.

역세권 아파트를 고집하는 젊은 신혼부부를 본 적이 있

다. 철이 없다기보다 튼튼하고 건강한 두 다리가 아까웠다. 사회 변화에 맞춰 양가가 형편에 맞게 집값을 분담하고 눈높이를 낮추는 것만이 신혼집 문제의 해결 방안이다. 다 마음먹기에 달렸다.

중요한 것은 그들은 영원히 그 신혼집에서 살지 않는다는 것이다. 그 사실을 명심하자. 전세가 좋을지 월세가 좋을지는 개인의 판단 문제이니 생략한다. 그러나 대출을 끼고 마련한 전세는 전세가 아니다. 그것은 원금과 이자를 둘 다 갚아나가야 하는 값비싼 월세다.

더 '쎈' 이효리가
필요한 이유

이러면서까지 결혼을 해야 할까? 결혼을 앞둔 남녀가 하루에도 수십 번 스스로에게 던지는 질문이기도 하다. 하는 것이 좋다. 다음 장에서 설명하겠지만 여기서 결혼이란 반드시 정식으로 혼례를 치르는 것만을 의미하는 게 아니다. 그리고 논리학적으로도 결혼이 해도 후회, 안 해도 후회일 경우에는 하는 것이 옳다. 마지막으로 존경하는 철학자 한 분의 발언을 모셨다. 권위에 기대어 가는 것은 질색이지만 이 문장만은 진짜 마음에 든다.

내 사랑하는 독자여, 만일 그대가 세계를 여행하는 사람이라면 누구나 익히 알고 있을만한 모든 것을 직접 경험할 수 있을 정도로 세계 여행을 할 수 있는 10여 년의 시간과 기회를 갖고 있지 않다면, 혹은 그대가 연구를 전문적으로 하는 학자에게는 명백한 것인 각 민족성의 차이를 꿰뚫기에 충분할 정도로 수년간의 세월을 투자해서 익힌 외국어 능력과 조건을 갖추고 있지 않다면, 혹은 그대가 한꺼번에 코페르니쿠스의 이론과 프톨레마이오스의 이론을 모두 대체할 만한 새로운 천문학 이론을 발견할 결심을 한 것이 아니라면, 그렇다면 결혼을 하라. 그리고 그대에게 첫째, 세계 여행을 할 시간과, 둘째, 다양한 외국어 능력과, 마지막으로 새로운 천문학 이론을 발견할 생각이 있다면, 그래도 역시 결혼하라. 왜냐하면 결혼은 인류가 떠맡은 가장 중요한 탐구 여행이며, 또 여전히 그렇기 때문이다.

　　　　　　　　　　　　　　　　　　　　- 키르케고르,
『결혼에 관한 약간의 성찰: 반론에 대한 응답, 유부남 씀』 중에서

아직 끝이 아니다. 앞서 나열한 답답한 현실은 절대 천천히 바뀌지 않는다. 어떤 사회변화는 급격하게 찾아온다. 물론 인위적으로 급격함을 추구하면 뒤탈이 난다. 그런데 이 급격은 혁명이라기보다는 차라리 유행 같은 것이다.

꽤 오래전 이야기다. 아침을 안 먹는 사람들이 늘어나고 있다는 신문 보도가 있었다. 지금이야 아침을 굶는 사람들이

워낙 다수니까 와 닿지 않지만 당시에는(대략 15년 전쯤이었던 것 같다) 꽤나 파격적인 사회현상이었다. 그때 나온 말이 "상위 5%의 변화에 주목하라"는 것이었다. 순간적으로, 바람 만난 들불처럼 번져나가기 때문이다. 정말로 그 보도가 나간 지 얼마 되지 않아 대한민국은 아침 결식 사회로 변했고 아내에게 아침을 차려달라던 남자들은 눈총을 받았다.

유행은 더 빨라졌다. 장마철에 여성들이 예쁜 장화를 사신는 유행도 대한민국을 제패하는 데 한 달이 채 안 걸렸다. 인기 있는 앱은 사흘이면 전국으로 퍼진다. 모든 변화는 주체들이 더 이상 그 상황을 견디기 힘든 상태에서 하나의 출구가 보이면 일시에 질주하여 둑을 무너뜨리는 것처럼 전개

된다.

대한민국 결혼시장이 최악의 절정을 달리고 있다는 진단은 어제 오늘의 것이 아니다. 해결 방안을 모색하며 사회명사들이 나서서 작은 결혼식을 솔선하는 등 실천의 모습을 보이기도 했다. 그러나 미안하지만 사회명사들은 현대인의 롤 모델이 아니다.

현대인의 롤 모델, 특히 대한민국에서의 롤 모델은 스타다. 스포츠 스타든 연예인 스타든 그들이 롤 모델이다. 그들은 현대의 귀족이자 신화이기 때문이다. 대중적인 아이콘의 몸짓, 손짓, 발언 하나에 세상이 요동친다. 슬프거나 웃기거나 어느쪽이든 상관없이 사실이다.

탈북자 북송 반대 운동이 한참 벌어질 때 세상은 무관심했다. 배우 차인표가 관심을 가지고 현장에 나타나거나 세계적인 팝 스타였던 보니 엠(Boney M)이 현장에서 노래를 부르자 세상이, 언론이 그 문제에 주목하기 시작했다. 대중들은 스타들을 따라 할 자세가 되어 있다. 결혼 문화도 마찬가지다.

얼마 전 가수 이효리가 정말 작은 결혼식을 비밀리에 그리고 미디어를 차단한 채 올렸다. 상대는 언더그라운드에서는 유명하지만 대중들에게 널리 알려지지는 않은 인물이었다. 물론 메시지가 되기에는 충분하지 않다. 그러나 많은 사람들이 이효리의 결혼 스타일에 호감을 느꼈고

'쿨'하다고 생각했다.

결혼 전에도 이효리는 한 방송국의 예능 프로그램에 출연해 "사랑하는 남녀가 함께 살고 아이도 낳고 …… 그런데 그게 꼭 식을 올리고 결혼 신고를 하는 형태가 아닐 수도 있고……" 하면서 동거도 해보고 싶다고 했다. 몇 년 전 만해도 '이효리 연예계 퇴출'로 이어질 수 있는 발언이다. 그런데 파장은 없었다. 이미 사회 분위기가 충분히 용인하는 수준까지 차올라 있다는 이야기다. 이런 대중적인 스타들의 움직임은 변화를 훨씬 더 빨리 가져올 것이다. 제2의 이효리, 더 '쎈' 이효리가 필요한 이유다.

결혼 생활,
그 험한 해원(海原)을 넘어가는 나침반은
아직 발견되지 않았다.

— 하이네 —

5장

환상적인
결혼을 꿈꾸는
그대에게

결혼도 공부해야 한다

이 장(章)이 다섯 번째에 배정되었다는 사실 자체가 대한 민국 결혼의 현주소를 말해 준다. 가장 중요한 것이 허름하게 다루어지고 있다는 것, 이것은 정상이 아니다. 그러나 엄연한 현실이다. 시각의 차이는 다소 있겠지만 우리나라 사람들의 인생에서 가장 큰 전환점은 세 가지다. 입시, 취업, 결혼. 사람은 태어날 때 대략 운명의 80% 정도가 결정된다(부모의 사회·경제적 자산만을 말하는 것이 아니다. 지능과 재능까지 포함해서 그렇다는 이야기다).

자본주의 경제에 근본적인 문제를 제기한 피케티(Thomas Piketty)의 말을 참고하면(그는 자본주의가 19세기적인 부의 세습적인 공정으로 편입되었다면서 이제는 노력해도 성공할 수 없다는 재미 있는 가설을 발표했다) 90% 이상으로 올라가겠다. 입시는 그것을 반전시킬 수 있는 첫 번째로 찾아오는 기회다(마지막일 수도 있다. 대부분의 인생에게 그렇다).

입시를 학벌로 이해하는 사람이 있다. 반만 알고 반은 모르는 사람이다. 입시는 학벌이 아니라 인적 네트워크와 관계 있는 것이다. 현대는 노하우가 아니라 노우 후(know who)가 더 중요한 세상이기 때문이다. 그래서 그 사실을 알든 모르든 대부분 입시에 목숨을 건다.

입시만큼은 아니지만 취업에도 사생결단의 자세로 임한다(취업은 사실 전환점이라기보다는 평생 동안 반복되는 선택과 고민이다. 참고로 취업은 능력의 문제가 아니라 자세의 문제다. 어느 시점에 이르러서는 개개인의 능력보다 일을 대하는 자세가 더욱 중요해진다).

그런데 이상하게도 결혼에 대해서는 대략 만만하게, 그저 그렇게 대처한다. 의지와 욕심은 있는데 준비가 없다(욕심만 있고 준비가 없으니 본질상 로또와 비슷하다). 참 이상하고 해괴한 일이다.

결혼도 공부해야 한다. 인생은 긴 경기이고 결혼은 그 경기의 승부를 혹은 질(質)을 결정짓는 중요한 요인 중 하나기 때문이다. 그런데도 안 한다. 여자는 남자에 대해 공부하지 않고 남자는 여자에 대해 알려 들지 않는다. 하긴 책으로만 공부해서 될 일이 아니기는 하다. 세상의 모든 남자와 여자는 다 다르며 경우의 수를 다 읽을 수는 없기 때문이다. 남자와 여자를 다룬 책이 수십 수백 권이다. 『화성에서 온 남자 금성에서 온 여자』에서부터 『리스크 없이 바람피우기』까지 별 책이 다 있다. 다 읽을 수도 없지만 다 읽어 볼 필요도 없다.

영화 「올드 보이」에서 풀려난 최민식은 동네 깡패들과 마주친다. 15년 간 벽에 사람 모양을 그려 놓고 치고받는 연습(이미지 트레이닝)을 해 온 최민식이다. 그는 이런 대사를 한다. "10년 동안의 상상 훈련, 과연 실전에 쓸모가 있을까?" 답은 '있다'이다. 최민식의 주먹질에 깡패들은 허무하게 무너진다. 그러나 연애는 싸움과 다르다. 연애에 대한 책을 아무리 읽어도, 거울을 보고 아무리 대화의 기술을 단련해도 실전에서는 하나도 안 먹힌다. 결혼도 마찬가지다.

그럼, 이 장(章)의 목적은 무엇이냐? 발생할 수 있는 여러 문제에 대해서 미리 생각을 해 두는 것이다. 그러면 원칙을 세울 수 있고 덜 당황하게 된다. 지금부터 하는 이야기는 당신이 꼭 생각해 두어야 하는, 당신의 입장이 명료하게 서 있어야 하는 문제들이다. 반복해서 말씀 드린다. 알고 있어야 하는 문제가 아니라 생각해 두어야 하는 문제다!

제일 미련한 인간이 자기가 모든 것을 다하려는 인간이다. 글 쓰는 일도 그렇다. 멍청한 놈은 모든 문제를 자기가

다 풀려고 한다. 무조건 처음부터 시작하려고 한다. 정말 바보 같은 짓이다. 결혼에 대해 난들 왜 할 말이 없겠나? 그러나 그 통찰(혹시 그렇게 부를 수 있다면)과 질문들은 결혼의 선배들이 지난 수천 년간 다 했던 것들이다. 그래서 그들의 말과 글을 훑어나가는 것은 고전을 읽는 것과 원리가 같다. 고전이 없다면 우리가 모든 것을 처음부터 다 새로 시작해야 하는 것처럼.

인생 선배들이 건네는
결혼에 대한 조언

여기에 그들이 남긴 글을 가려 뽑았다. 좋아서 선발한 것
도 있지만 문제가 있어 시비를 걸려고 뽑은 것도 있다. 대부
분 작가들의 말이다. 그렇다고 그들의 말을 너무 심각하게
받아들일 필요는 없다. 작가란 숨이 넘어가는 순간에도 뭔가
멋진 소리를 지껄여야 한다는 강박증에 사로잡힌 이상한 종
족들이다.

"결혼은 젊어서 하면 너무 이르고 나이 들어 하면 너무 늦다."

- 디오게네스(Diogenes)

알렉산드로스(Alexandros) 대왕이 뭐 필요한 것 없냐고 묻자 "햇볕을 가리니까 당신 머리나 좀 치워달라"고 한 그 사람이다. 하나마나 한 말이란 이런 것을 두고 하는 말이다.

"결혼은 새장과 같은 것이다. 밖에 있는 새들은 쓸데없이 그 속으로 들어가려 하고 속에 있는 새들은 쓸데없이 밖으로 나가려고 한다."

　　　　　　　　　　　　　　　－ 몽테뉴(Michel E. de Montaigne)

좀 낫다. '쓸데없이'라는 말에 유념하자. "결혼하는 것이 좋은가 하지 않는 것이 좋은가. 그 어느 쪽이든 너희는 후회할 것이다"라는 소크라테스(Socrates)의 연장선상에 있다. 물론 그보다는 명료하다. 이 사람은 또 이런 말도 했다.

"좋은 결혼이 극히 적은 것은, 그것이 얼마나 귀중하고 위대한 것인가를 보여 주는 증거다."

　　　　　　　　　　　　　　　　－ 몽테뉴(Michel E. Montaigne)

알려진 대로 이 사람은 모럴리스트(moralist)로 그의 사고는 회의론에서 출발했다. 학문에 임하는 그의 자세는 독단을 피하고 모든 것에 대해 비판을 게을리하지 않는 것이었다.

당연히 매사 걸고넘어지는 것이 특기였으며 그 딴죽을 모아 『수상록』이란 것을 펴냈다. 결혼이라고 예외는 아니었을 것이다.

　"불행한 결혼의 대부분은 당사자 한 사람이 연민의 기분에서 결혼할 마음이 생겨서 한 결혼이다."

　　　　　　　　　　　　　　- 몽테를랑(Henry M. Montherlant)

　의외로 많은 결합의 방식이다. 그런데 누가 불행하다는 것일까. 연민자? 피연민자?

　"가시가 무서우면 장미는 꺾지 못한다. 뿌리가 두려우면 아름다운 아내도 맞이하지 못한다."

　　　　　　　　　　　　　　- 프랭클린(Benjamin Franklin)

　모든 이득에는 감수해야 할 책임이나 의무가 있다는 말처럼 들리지만 이 문장의 방점은 '아름다운'에 찍힌다. (여자가) 아름답지 않으면 결혼할 필요가 없다는 말과 별반 다르지 않다.

　"사랑은 사람을 맹목으로 만들지만 결혼은 시력을 되찾아 준다."

　　　　　　　　　　　　　　- 리히텐베르크(Georg C. Lichtenberg)

결혼이란 수정처럼 아름다운 그녀가 실은 아귀 머리통처럼 생겼다는 사실을 깨닫는 것이라는 말의 원형이다. 보이지 않던 것들이 보이기 시작한다. 그것이 정상이기는 하다.

"결혼은 자기와 동등한 자와 할 일이다. 자기보다 뛰어난 상대는 반려가 아니라 주인을 구하는 꼴이 되기 때문에."

— 클레오불루스(Cleobulus)

굳이 노력하지 않아도 그렇게 된다. 어느 바보가 자기보다 못한 사람을 반려자로 택하려 할 것인가?

"결혼의 성공은 적당한 짝을 찾기에 있는 것보다 적당한 짝이 되는 데 있다."

— 텐드우드

책임이 내 쪽에 있다는 말이다. "죄 없는 사람이 이 여인에게 돌을 던지라"와 비슷한 용례기도 하다.

"다만 돈만을 위하여 결혼하는 것보다 더 나쁜 것은 없고, 다만 사랑만을 위하여 결혼하는 것보다 더 어리석은 일은 없다."

— 존슨

복습 한번 하자. 매매혼도 좋을 것은 없지만 본연혼도 무작정 좋지만은 않다는 이야기다. 무슨 이야긴지 모르겠다고? 거 참.

"가능한 한 빨리 결혼하는 것이 여자의 비즈니스, 가능한 한 늦게까지 결혼하지 않는 것이 남자의 비즈니스다."

— 버나드 쇼(George B. Shaw)

우리나라 연예인들 보면 안다. 외국도 비슷하다.

"행복한 결혼이 되려면 남편은 귀머거리, 아내는 장님이어야 한다."

— 태버너

사실이다. 남편은 장님에서 시작해서 귀머거리가 되어야 행복하다.

"결혼 생활, 그 험한 해원(海原)을 넘어가는 나침반은 아직 발견되지 않았다."

— 하이네(Heinrich Heine)

맞는 말이다. 하지 않은 사람은 몰라서 발견할 수 없고 해본 사람은 후배들도 골탕 먹으라고 절대 발견하거나 알려주지 않는다. 나만 망하면 무슨 재미로 사니.

'3주 동안 서로 연구하고, 3개월 동안 서로 사랑하고, 3년 동안 시작한다.'

– 텐(Hippolyte Taine)

결혼의 유통기한을 말하는 것 같다. 그러니까 "3년 동안 유지한다"가 맞지 싶다.

슬슬 지루해지기 시작했을 것이다. 쓰는 사람도 그렇다. 격언의 특징은 공허하다. 그 시기를 이미 지나온, 인생을 살 만큼 산 사람들이나 알아들을 수 있고 공감할 이야기들이기 때문이다. 수학으로 치면 문제가 첨부되어 있지 않은 공식 같은 것이다.

우리가 돈 많은 남자,
예쁜 여자를 만날 수 없는
진짜 이유

지금부터 소개하는 혹은 발췌하여 토를 다는 내용들을 읽고 다시 보면 의미가 제대로 와 닿을 것이다. 앞에 등장한 돌아가신 지 오래된 분들 말고 최신본으로 골라봤다. 실전에 응용하려면 역시 최신 버전이 최고다.

도서 중 외국인이 쓴 책은 일단 제외했다. 미나미 미쓰아키(南 光明)가 지은 『역시 내 결혼 전략은 잘못됐다』와 아널드 라자루스(Arnold Lazarus)의 『결혼의 신화』는 참 좋은 책이기는 한데 현실 응용에 무리가 있었다. 국내 저자의 책으로 세 권을 골랐다. 남자가 쓴 책, 여자가 쓴 책, 남자들과 여자들이 쓴 책으로 골랐다.

책 세 권을 요약하겠다는 말이 아니다. 책 속에서 저자들이 의문을 제기하거나 결론을 내린 부분을 다시 묻고 다시 풀었다. 전선인간(한국 사람이다. 필명인가 보다)의 『모텔비가 아까운 남자』와 『나는 무작정 결혼하지 않기로 했다』 그리고 『결혼 전 물어야 할 한 가지』가 텍스트로 삼은 도서들이다.

『모텔비가 아까운 남자(이하 모텔)』는 좋은 제명이다. 남자는 성적인 욕구와 사랑을 착각하며 이상형과 성적(性的) 취향을 혼동한다. 그래서 남자에게 결혼은 모텔에서의 섹스가 집 안에서의 섹스로 바뀌는 것을 의미한다. 그리고 실망스럽게도 그게 전부다. 『모텔』은 여성들에게 미스터(mister) 즉, 남성을 분류하는 법부터 가르친다.

4개의 미스터가 보일 것이다. M이나 m은 money인데 자기가 벌어들이는 돈이다. 당연히 M은 고소득자, m은 보통 소득자 혹은 저소득자다. R과 r은 rich다. 부모에게 물려받은 돈이 많으면 R이고 적게 물려받았거나 없으면 r이다. 책에는 없지만 반대편에는 또 4개의 미스(miss)가 존재한다. M은 money고 S는 sexy지수다. 미스터와 똑같은 방식이니 응용해서 이해하면 되겠다.

일단 MR부터 보자. 보기 힘들다. 희소적인 존재여서 차지하기가 쉽지 않다. 그리고 대부분 MS의 수중에 떨어진다. Mr은 돈은 잘 벌지만 집안은 그저 그런 자수성가형 '사'자

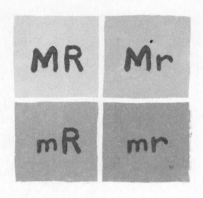

직업 캐릭터다. 쉬울 것 같지만 남자의 어머니와 가족이 문제다. 자기 아들이 세상에서 제일 잘 난 줄 알기 때문에 신붓감의 조건은 무조건 MS다. 스스로 판단하기에 MS가 아니라면 빨리 희망을 접는 것이 좋다.

세 번째 mR은 일반 회사원 등인데 집이 부자인 경우로 일은 취미로 하거나 규칙적인 생활 습관을 위해 한다. 많지도 않지만 이들 역시 대부분 MS를 원한다. 결국 남는 것은 소문자 m과 소문자 r이 결합된 mr로 지구상의 80% 이상을(어쩌면 더 될 수도) 차지한다. 확률상 대부분의 여성이 만나게 되는 남자들이다. 그래서 여자들은 이 mr에 대해 잘 알아야 한다. mr을 만나면서 다른 종류의 미스터를 상상하면 상대편 남자는 피곤하고 본인은 불행해

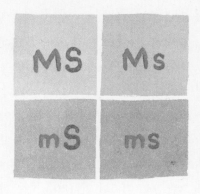

진다. 참고로 필자 역시 전형적인 mr이다.

물론 여성 역시 ms일 가능성이 확률상 가장 높다. 그래서 영화에서는 해리가 샐리를 만나고 피트가 졸리를 만나기도 하지만 현실에서는 대부분 ms가 mr을 만난다. 그래서 mr에 대한 연구는 꼭 필요하다. mr의 도드라지는 특징은 과다하고 엄청난 자존심이다. 자존심은 그것 말고는 내세울 것이 없는 사람에게 특히 중요하다는 사실을 명심해야 한다. mr들도 안다. 자기가 가진 게 쥐뿔도 없다는 것을. 그러니까 어떤 경우에도 자존심을 상하게 하는 말을 해서는 안 된다. mr를 잘 관리하는 제일 좋은 방법은 칭찬이다. 자존심 보호와 같은 말이기도 하다. 구체적으로 칭찬해 주면 남자들은 대부분 좋아한다.

여자에 대한 남자들의 기준은 오로지 '예쁘다'라는 것이 통설이다. 10대 남자의 이상형도 예쁜 여자. 20대 남자의 이상형도 예쁜 여자, 30대의, 40대의, 50대의 남자도 지칠 줄 모르게 예쁜 여자다. 그런데 이것이 다가 아니다. 남자도 내면이란 것을 보기는 본다. 기준은 절대적인 것이 아니라 자기에게 유리하게 작동하는 내면이다. 자기를 돋보이게 해 주는 여자에게 남자들은 매료된다. 친절하고 예의 바르며 사람들의 눈빛에 "아! 저런 여자와 만나거나 사는 저 남자는 참 좋겠다"라는 메시지를 줄 수 있는 여자를 좋아한다.

이 세 가지만 숙지하여 행동하면 mr을 만나는 데 별로 불편할 것이 없다. 아주 쉽지는 않다. 그러나 이렇게 지속적으로 관리하면 mr은 변한다. 남자들이 뭔가를 열심히 할 때는 여자에게 잘 보이고 싶어 할 때라는 사실을 잊지 말라. 『모텔』이야기는 이게 끝이다. 『모텔』 이야기는 결혼보다 연애에 초점이 맞추어져 있어서 남자의 심리를 이해하는 데 유익하다.

현실적인,
너무도 현실적인

『나는 무작정 결혼하지 않기로 했다(이하 무작정)』는 실전 결혼 지침서 같은 책이다. '결혼은 직장이다'라는 첫 번째 장은 '제 몫을 못하는 아내는 애완동물일 뿐이다'라는 매우 과격한 선언으로 시작된다. 남자 입장에서 100% 동감이다. 가정은 작은 사회다. 작으면서도 매우 복잡한 조직이다. 그래서 저자는 '직장인처럼 기획하고 영업하고 정치하라'고 조언한다.

『무작정』의 두 번째 메시지는 결혼에 대한 환상을 깨라는 것이다. "누구나 신입 사원일 때에는 잔심부름이나 회의실 정리 따위의 일을 기꺼이 한다. 결혼을 할 때에도 그럴 각오가 되어 있어야 한다"라는 문장은 정확한 사태파악이다.

『무작정』은 남자를 고르는 기준 제시도 잊지 않는다. 두 가지는 남자 입장에서도 동감이다. 하나는 행복에 소질 있는 사람을 찾으라는 것, 둘은 열등감을 가진 남자와 인생을 공유하지 말라는 것. 실은 둘 다 같은 말이다. 오늘도 행복하고 내일도 행복할 수 있는 남자는 타고난 사람이다. 왜냐하면 인생에 행복 같은 것은 별로 없기 때문이다. 아니 거의 없을지도 모른다.

고난과 불행과 고통이 교차하는 가운데 잠시 잠깐 즐거운 것이 인생이다. 그래서 행복은 주변에 널려 있는 것이 아니라 찾아내고 발굴해야 하는 것이다. 이 행복을 뿌리부터 갉아먹는 것이 열등감이다. 열등감이 있는 남자는 허세와 허언과 자기 연민 속에서 허우적대기 십상이다. 그는 이미 자기와의 싸움에서 패한 사람이다. 그것도 완패. 절대 피해야 할 상대다.

『무작정』의 네 번째 메시지는 결혼 이후의 마음가짐에 대한 격언 혹은 경고들이다. 저자는 "누구와 했느냐보다 어떻게 사느냐가 중요하다"며 일차적으로 "그의 단점, 바꾸려고 하지 말고 관리하라"라고 조언한다. 사람은 변하지 않는다. 남자는 특히 그렇다. 바꾸려는 노력은 충돌로 끝나고 서로에게 상처만 준다. 필자는 이 '관리'라는 단어를 중의적인 의미,

즉 남편을 관리하라는 말임과 동시에 자신의 감정을 관리하라는 의미로 읽었다. 사실이다. 화를 내 봐야 폐만 상한다.

『무작정』의 마지막 장은 '화성에서 온 남자, 금성에서 온 여자, 목성에서 온 시어머니'다. 저자는 시어머니를 직장상사로 생각하라는 처방을 내린다. 최근 이른바 '시월드'에 대한 예능 토크가 쏟아진다. 출연자들 대부분은 시어머니가 자신과 성별이 같다는 사실을 지나치게 확대해석하는 것 같다. 시어머니는 같은 여자가 아니다. 시어머니는 시어머니일 뿐이다.

결혼은 결코
한 가지 모습일 수 없다

『결혼 전 물어야 할 한 가지(이하 한 가지)』는 결혼 생활을 10년 이상 한 베테랑들이 쓴 글을 모았다. 결혼이 결코 한 가지 모습일 수 없다는 진리를 볼 수 있다. 그리고 지나치게 무덤덤하거나 괴물로 변해 버린 결혼의 모습에 대해 곱씹게 만든다. 여러 사람의 이야기다. 누군가에게 들려주고 싶어 오랫동안 생각을 정리한 듯 간절한 글들이 많다. 당연히 시크하지 않고 시큼하다.

서로의 사랑이 사그라지거나 또 다른 사랑의 벼락에 굴복하는 날이 올 수도 있음을 알면서도 우리의 사랑을 무덤에까지 고이

간직하겠노라는 종신 계약에 모두가 서약한다. 그러나 세월은 자주 의지를 넘어선다. 어떤 위대한 사랑도 3~4년이 지나면 대체로 그 색깔과 향기가 변하면서 어떤 방향으로든 진화를 시작한다. (중략) 그러나 진실은 밤에도 한 공간에서 합법적으로 함께할 수 있는 사회적 허락을 받은 사이일 뿐이라는 것. 그리하여 아이가 생기면 부모가 되어 아이를 함께 키우는 사이일 뿐이라는 것이다. 둘은 그저 결혼이란 거적을 빌려 쓰고 인생의 한 토막을 같이 걸어가는 동지일 뿐인 것이다. 물론 그의 몸도 마음도 영혼도 모두 그의 것이다. 나의 몸과 마음과 영혼이 온전히 나의 것일 뿐이듯.

- p 27~28

결혼에 대해 환상을 가지고 있거나 뭔가 아기자기한 깨볶는 것 따위가 기다리고 있다고 생각하는 사람에게는 맥이 확 빠지는 진술이다. 그러나 불행히도 사실이다. 돌아보면 인생이 그저 그렇듯 결혼의 모습 역시 비루하기 십상이다. 오죽하면 거적(이것은 주로 거지들이 이용하는 것 아니던가)을 빌려 쓰고(게다가 빌려 쓰고!) 같이 걸어가는 동지(이 메마른 단어를 보라)인데 그나마 네 것은 철저히 네 것일 뿐이며 내 것은 절대 침해당하고 싶지 않은 내 것이라는 표현까지 썼겠는가.

사랑이 사그라지는 것은 어쩔 수 없다 치자. 그건 자연스러운 풍화(風化) 같은 것이다. 문제는 '다른 사랑'의 벼락이다. 2012년 현재 전국의 모텔 숫자는 2만 5,137개다. 우리는 집 없는 사람들이 이곳에서 숙박을 해결하지 않는다는 사실을 안다. 모텔마다 방을 열 개만 잡아도 25만 개에 달한다. 이 숫자는 하루 동안 대한민국에서 서로 만나면 안 되거나 누군가를 배신한 살[肉]들의 총량이다. 당연히 곱하기 2를 해야 한다.

영화사 워너브라더스가 영국의 성인 남녀 2,000명을 대상으로 실시한 설문 조사는 결혼 혹은 동거 후 사랑이 지속되는 기간이 3년에 불과하며 사랑을 시들게 만드는 요인들은 바로 일상의 사소한 습관들 ─ 운동하지 않고 살찌는 배우자, 구두쇠같이 구는 남편, 지나치게 많거나 모자란 배우자 가족과의 만남, 코고는 버릇, 불결한 화장실 습관 등 ─ 에서 온다는 사실을 적나라하게 보여준다.

─ p 34

가랑비에 옷 젖고 잔매에 골병 든다. 사랑도 결혼도 그렇다. 어마어마한 실수나 배신으로 사랑이 퇴색하고 멀어지고 깨지는 것이 아니다. 사소한 일상의 반복이 두 사람의 삶을 엉망진창으로 만든다. 그리고 변색된 것은 결코 원래 색깔로 돌아오지 않는다. 추억보다 회한이 서로를 바라보는 눈길 속에 더 많이 들어 있는 것, 이것이 결혼 생활의 진실이다. 윈스턴 처칠은 어떤 비법으로 결혼 생활을 영위했느냐는 질문에 화장실을 따로 쓰는 것이라고 대답했다. 영국 남녀들의 사랑의 지속 기간은 생각보다 길다.

> 결혼은 당위가 아니라 인류가 역사를 통해 만들고 발전시켜 온 하나의 제도일 뿐이며 당연하게도 수많은 결함을 가지고 있다. 무엇보다도 결혼 제도는 아직까지 상당히 남성 중심적이기 때문에 여성에게 불리한 제도라고 생각한다. (중략) 심지어 나는 결혼이라는 제도가 함께 사는 두 사람이 불행해질 수밖에 없다는 전제 아래 만들어진 제도라는 생각이 들 때가 있다.
>
> - p 46~47

글을 쓴 사람은 남자다. 그는 결혼이 (여성에 비해 상대적으로) 남성에 유리하고 편리한 제도라는 사실을 (물론 한국에서) 솔직히 고백한다. 강자(!)인 처지에 있으면서도 그는 결혼이 불행을 전제로 만들어진 제도라는 사실까지 거론한다. 『성경』의 야훼는 "사람은 혼자 있는 것이 좋지 않다"고 말씀하신다.

그러나 이 말을 확대해석해서는 안 된다. 혼자 있는 것이

좋지 않을 뿐 그 동반자가 반드시 이성이라는 것은 아니다.
동성일 수도 있으며 강아지나 낯모르는 노인이나 어린이일
수도 있다. 그리고 좋지 않다고 말했을 뿐이다. 나쁘다고 단
정 지은 것이 아니다. 어쩌면 뒷말을 생략했을지도 모르는
것 아닌가. "그렇다고 무작정 누군가와 같이 있는 것은 더 좋
지 않다."

함께여도 외롭다

한 사람이 일기를 쓸 때 다른 한 사람은 그 옆에서 인터넷 검색을 한다? 한 사람이 책을 읽을 때 다른 한 사람은 그 옆에서 컴퓨터 작업을 한다? 한 사람이 게임을 할 때 다른 사람은 그 옆에서 공부를 한다? 그때서야 비로소 깨달았다. 서재는 부부가 함께 쓸 수 없다는 것을.

- p 66

많은 사람들이 서재를 꿈꾼다. 가지런히 꽂힌 책들, 작지만 나올 소리는 다 나오는 오디오 시스템 그리고 아침의 커피 한 잔이나 늦은 밤의 브랜디 한 잔. 그야말로 꿈같은 이야기다. 대한민국에는 그렇게 한가로운 시간을 보낼 수 있는 복 받은 인생이 많지 않다. 숨 쉬고 살기에도 팍팍하다. 그런 데도 우리는 서재를 가지고 싶어 한다.

중요한 것은 그 공간을 사랑하는 사람과도 같이 쓸 수 없다는 것이다. 서재는 항상 '나만의 혹은 혼자'라는 전제를 달고 있다. 책을 좋아하는 사람끼리 만나면 '서재 결혼시키기'라는 고민을 하게 된다. 서재야말로 일차적으로 이혼시켜야 할 대상이다. 서재는 누군가의 독점으로 있을 때에만 그 가치와 의미가 있다. 홀로 고독하게. 하긴 서재뿐이겠는가? 인생이란 결국 처절하게 혼자인 것을.

애초에 남편과 함께 늙을 생각은 없었다. 나는 이혼이라는 제도가 없었다면 결혼도 하지 않았을 것이다. 남편을 사랑해서 결혼했지만 언젠가 사랑이 식으면 떠나야 한다고 믿었다. (중략) 내게는 단순히 제도와 타성에 의해 유지되는 결혼 생활이란 사랑에 대한 모독이었다. (중략) 남편은 사랑이고 나발이고 다 종족보존을 위한 감정의 장난일 뿐이고 세상 남녀가 다 거기서 거기일 뿐이니 한번 결혼했으면 대충 맞춰가며 사는 것이 개인에게 속 편하고 인류를 위한 이익이라고 믿는 사람이다. 모든 면에서 나와는 상극 중에 상극으로서 꼭 내 인생관에 모욕을 주려고 태어난 사람 같았다.

- p 78

결혼 생활의 묘미는 기가 막히게 잘 맞는 남녀가 만나서 사는 것이 아니다. 아슬아슬하고 하루도 빠짐없이 불안한 남녀가 붙어 사는 것이 진짜 묘미다. 놀랍게도 결혼 생활은 대부분 그렇게 유지된다.

'이혼이라는 제도'라고 말했지만 이혼은 두 가지가 있다. 하나는 서류상의 이혼이고 하나는 마음속의 이혼이다. 많은 결혼한 남녀들이 마음속에서 상대방과 이혼한다. 길어야 3년, 짧으면 신혼여행 중에. 결혼에 대한 유일한 안전장치가 있다면 그것은 이혼일 것이다.

남편은 남편대로 자기만의 콤플렉스와 싸우고 있었던 것이다. 내가 현대의 산물인 '슈퍼우먼 콤플렉스'를 앓고 있다면 남편은 구석기시대에 가족의 생존을 책임졌던 '사냥꾼 콤플렉스'를 앓고 있었다. (중략) 내 거울에 비치는 자신의 모습이 '훌륭한 수컷'이라는 것을 확인했을 때 그는 비로소 안심했던 것이다.

– p 82

여성들이 남성을 이해하는 대단히 중요한 포인트다. 남자는 두 가지로 인정받고 싶어 한다. 하나는 밤에 침대 위에서, 또 하나는 급여 봉투를 통해서. 이것은 남자가 못나서가 아니다. 오래된 유전자의 불변하는 습관이자 작동 원리다. 남자의 경제적 부담을 덜어 주는 것은 물론 좋은 일이다.

"회사 다니기 싫으면 때려 치워. 내가 먹여 살릴게." 남자들이 좋아하는 말이라고 하지만 사실은 진실이 아니다. 그런 것을 좋아하는 남자는 별로 없다. 말로 들을 때나 좋지 진짜 그렇게 상황이 변하면 시들시들 말라 가는 것이 남자다. 콤플렉스인 동시에 남자를 스스로 남자라고 여길 수 있도록 하는 경제활동을 아무렇게나 말하지 마라.

'동거해 보고 결혼하면 복불복 운명에서 벗어날 수 있을 거라는 이도 있지만 공감하기 힘들다. 서로 사랑에 빠졌을 때, 그때의 감정에 더욱 충실한 형태의 만남이 동거라는 점에는 동의하지만 결혼이라는 영원성을 전제로 하는 제도를 잘 이끌어가는 것에 도움이 된다는 생각은 안 든다.

- p 108

고지식한 발언이지만 의외로 많은 사람이 가지고 있는 생각이기도 하다. 결혼을 '영원성을 전제로 하는 제도'라고 믿고 있기에 수많은 결혼이 유지된다. 그러나 개인의 행복이라는 측면에서 상황을 재구성해보면 수많은 결혼은 수많은 인생의 낭비일 수도 있다.

그리고 동거는 단순히 결혼으로 가는 경로가 아니다. 한국 사회가 아직 인정하고 있지는 않지만 동거는 결혼이라는 형태의 여러 종류 중 하나다. 동거에도 나름의 형식과 방법과 고민이 있다. 동거의 가장 큰 적은 언제든지 그리고 상대적으로 쉽게 헤어질 수 있다는 것이다. 그래서 동거하는 커플들은 더 조심스럽다. 어떤 면에서는 두 사람의 결합을 팽팽한 긴장으로 만들어 주는 적절한 위기관리 시스템이기도 하다.

환상적인 결혼을 꿈꾸는
그대에게

나는 아직도 환상적인 결혼을 꿈꾸는 여성들에게 이렇게 말하고 싶다. 잔인하게 들릴지 모르지만 대한민국에서 여성이 결혼을 한다면 99.99%는 지금까지 살아온 어떤 일보다 고생스러울 것이라고. 결혼을 꿈꾸는 그대여, 자신이 참 수행의 길에 오를 각오가 되었는지 물어보라. 결혼이란 가장 처절하게 삶을 배우는 공간이며 시간이므로.

- p 117

과하긴 하지만 일부 사실로 받아들여도 좋다. 지금껏 살아온 어떤 일보다 고생스러울 것이라는 부분에 대하여. 그런데 결혼을 안 한다고 고생이 찾아오지 않는 것은 아니다. 인생에서 완벽하게 좋거나 나쁜 것은 없다. 결혼도 가끔 좋은 점이 있다. 그리고 이왕이면 수행하며 사는 것이 낫지 밋밋하게 사는 것이 좋은가? 그것은 뭔가에 도전 한번 제대로 해보지 않고 삶을 마치는 것처럼 인생에게 미안한 것이다.

별다를 것 같은가? 단언컨대 당신은 그냥 남들같이 산다. 첫째, 가능하다면 좋아하는 점이 많이 겹치는 사람이 아니라 싫어하는 점이 공통적으로 많이 겹치는 사람을 만나서 결혼하라. 싫어하는 점이 같다면 살면서 다툴 일을 상당 부분 줄일 수 있다. 둘째, 배우자를 고객이라고 생각하라. 당신은 대형마트의 직원이다. 그리고 배우자는 고객이다. 고객이 별 이상한 일로 떼를 쓴다고 해도 당신은 계속 친절할 것이다. 속으로는 온갖 욕을 할지언정 친절을 가장할 것이다. (중략) 셋째, 불교나 힌두교를 비롯한 동양의 오랜 종교적 가르침을 꼭, 꼭, 꼭 공부하시라.

- p 133

내향적인 사람과 외향적인 사람이 만나면 피곤하다. 여행을 좋아하는 사람과 방안에만 있는 것을 즐기는 사람이 만나도 피곤하다. 그리고 좋아하는 일도 같이 하다 보면 다투기 마련이다. 둘 다 스포츠를 싫어하거나 청소를 싫어하거나 외식을 싫어하는 것은 바람직하다. 같이 안 하면 되니까. 그리고 누군가를 공통으로 싫어하는 것도 좋다. 이것도 분쟁을 줄이는 데 유익하다. 압권은 세 번째의 종교적 가르침을 중시한 부분이다. 정말 필요하다. 그런데 기독교가 빠져 있다. 왜일까. 거기서는 원수를 사랑하라 가르치기 때문에?

'결혼을 앞두고 참으로 바쁘겠지만 가능하다면 홀로 있는 시간을 만들어 스스로에게 진지하게 한번 물어 보라. "나는 내 결혼 상대를 하느님으로 모실 몸과 마음의 자세가 되어 있는가?" (중략) 다시 묻는다. "눈에서 콩깍지가 떨어지고 난 뒤 찾아든 권태기. 아내와 그 주변 사람들에게서 온갖 약점이 보이고 정나미 떨어지는 일조차 속속들이 알게 됐을 때도 그를 하느님으로 모실 수 있느냐? 아내는, 가장 약한 모습으로 우리 곁에 오신 진짜 하느님이라는 사실을, 늘, 잊지, 않겠느냐……"

– p 161

옮겨 적다가 눈물이 났다. 가장 약한 모습으로 우리 곁에 오신 진짜 하느님. 모쪼록 남자들은 마음만이라도 꼭 그렇게 여기고 살지니. 신문기자 생활을 했던 김종락 씨의 글이다.

남자는 생식기가 튀어나오고 여자는 가슴이 튀어나오지? 튀어

나온 쪽에 우월 성향이 있다. 생식기는 본능과 힘이고 가슴은 감성과 사랑이다. 남자는 생래적으로 사랑에 익숙한 기질을 갖고 태어난 종족이 아니란다. 그 대신 목표물을 공격해서 잡아채는 데 익숙하지. 더 사랑하는 쪽은 가슴을 가진 여자라야 한다. 그게 자연이란 걸 인정해라. 사랑 받으려면 남자에게 기댈 게 아니라 가슴을 가진 네가 먼저 먹이 사냥에 지쳐 피곤해진 남자를 껴안을 각오를 하는 것이 현명하다.

- p 189

결혼을 망설이는 누군가를 위해 쓴 글이라고 한다. 결혼에 대한 찬성과 반대의 논리가 다 들어 있다. 누군가를 위한 삶은 결혼의 전제조건이기도 하고 그래서 누군가를 희생시키기 때문에 결혼은 부당하다는. 그런데 의아한 것이 있다. 사랑을 '사랑하는 것'과 '더 사랑하는 것'으로 구분하는 것이 가능할까? 사랑은 각자 하는 것이다. 각자 최선을 다해서 하는 것인데 더와 덜을 나눌 수 있는지, 내 사랑과 그의 사랑을 경쟁시킬 수 있는지······.

지천명의 때를 살고 있는 어느 화가는 그림에만 맹진하는 여전사의 모습으로 사는 독신이다. 오로지 그림에만 시간을 다 쓸 수 있는 그 화가에게 많은 기혼 여성들이 부러운 시선을 던지곤 했

다. 그런데 그녀가 대화 중에 옆 사람을 껴안고 눈물을 쏟으며 말했다. "독신에게 외로움은 도피처가 없는 천형 같은 것입니다. 누군가가 화실을 찾아오고 한담을 즐기다 그들이 돌아가고 다시 붓을 잡는 순간 '뼈가 시린' 외로움이 엄습해요."

- p 208

이런 이유라면 결혼하지 말아야 한다. 이렇게 약한 사람

은 결혼해도 잘 살기 어렵다. 혼자 있을 때 외로운 것은 견딜
수 있다. 같이 있으면서 외로운 것은 너무나 끔찍해서 말없
이 눈물만 나온다. 결혼은 외로움의 해소 방안이 아니다.

"인연은 '인(因)'과 '연(緣)'이라는 두 가지 요소의 상호작용입
니다. '인'이라는 것이 그렇게 준비된 운명적인 것이라면 '연'은
최선으로 가꾸어야 본래의 결과를 가져오는 요소입니다. '인'이
꽃씨라면 '연'은 그 씨앗이 싹을 틔우고 꽃을 피울 수 있게 하는
비옥한 토양과 적당한 수분, 온도와 햇볕 같은 거지요."

- p 210

낡은 언어들의 조합이지만 진단은 정확하다. 인은 연애다.
연은 결혼이다. 최선으로 가꾸어야 하는 것이 결혼이다. 우
연히 날아온 꽃씨 하나를 그냥 내버려 두지 못해 세상의 모
든 남녀들은 결혼이라는 굴레를 쓰고 그렇게 살아간다.

가시가 무서우면 장미는 꺾지 못한다.
뿌리가 두려우면 아름다운 아내도 맞이하지 못한다.

– 프랭클린 –

6장

결혼의 미래와 다음 세대의 선택

결혼은
빠르게 변해왔다

1970년, 리처드 닉슨(Richard M. Nixon) 미국 대통령은 이렇게 말했다. "백인과 흑인 사이의 결혼은 이해할 수 있다. 그러나 동성결혼에 대해서는 그렇게까지 앞서 나갈 수는 없다. 그런 것은 서기 2000년에나 가능한 일이다." 그는 단지 까마득하게 먼 훗날의 일이라는 의미로 별 생각 없이 2000이라는 숫자를 택했지만 자신이 미래를 정확히 예측했다는 사실은 꿈에도 생각지 못했을 것이다.

2000년 7월, 미국 버몬트 주는 동성 결합을 결혼과 같은 것으로 인정하는 법을 통과시켰다. 닉슨의 발언은 1960년대 말 인종 간의 결혼을 허용하는 판결이 나오는 등 성과 결혼에 대한 급속한 변화가 미국을 덮치면서 동성애 커플들이 자기들도 결혼에 대한 권리를 가지고 있다는 주장을 펼치자 그에 반박하기 위해 한 말이었다. 세상은 빨리 변한다.

사랑을 기반으로 남녀가 결합하고 남자는 생계를, 여자는 가계와 육아를 담당하는 결혼 모델이 미국과 서유럽에서 지배적인 모델로 자리 잡는 데 걸린 시간은 150년이었다. 1950년대까지 미국의 가족은 외견상 평화로웠다. 오로지 남성의 편의를 중심으로.

남편은 언제든 원할 때마다 아내를 통해 성욕을 해소했다. 집안의 주인이자 생계를 책임지는 남편은 좀 더 좋은 식사를, 아내와 아이들은 그보다 부실한 식사를 했다. 남편은 집안의 중요한 문제를 단독으로 결정했으며 이는 법 규정에도 나와 있는 당연한 권리였다. 경제학자 게리 베커(Gary S. Becker)는 남자는 돈을 잘 벌고 여자는 육아와 살림에 재주가 있기 때문에 이 모델이야말로 가장 능률적인 조합이라는 주장으로 현실을 뒷받침했다.

1960년대 중반의 반전(反戰) 운동과 인종차별 운동은 이 모든 것을 근본부터 뒤집었다. 반전 시위는 사회 전 부문으로 퍼져나갔고 여성 해방과 성 평등 정서가 급속하게 확산됐다. 급진적 여성 단체인 레드스타킹(Redstockings)은 결혼이 여성을 '번식의 도구'와 '하녀'로 만든다는 아찔한 선언으로

주목을 끌었다. 관습은 무너지기 시작했다. 여성들은 설문 조사에서 자신의 딸들은 자신과 같은 삶을 살기 바라지 않는다며 이제까지의 외견상의 평화가 허위 진술이었음을 통보했다.

1960년, 피임약 에노비드의 시판으로 시작된 피임 혁명은 원치 않는 임신으로 더 원치 않는 삶을 살아야 했던 여성들의 삶을 통째로 바꿔놓았다. 미국 식품의약국(FDA)이 피임약을 승인하면서 600만 명이 넘는 여성들이 피임약을 아스피린처럼 복용하기 시작했다. 피임은 기존의 직장 여성들이 하룻밤 즐거움의 대가로 몇 달 후 회사를 떠나야 했던 바보 같은 일을 옛날이야기로 만들었다.

경제 활황으로 일자리가 늘어났고 여성들은 더 많이 직장에 나갈 수 있게 되었다. 임신으로 인한 불리한 선택과 생계에 대한 걱정에서 벗어나자 성 역할과 결혼 패턴에 변화의 바람이 불었다. 1973년, 미국 대법원은 여성의 낙태 권리를 인정했다. 1975년, 기혼 여성이 대출을 받거나 신용카드를 만들 때 필요했던 남편의 서면동의가 필요 없어졌다. 1966년부터 1979년까지 이혼율은 두 배 이상으로 늘어났다. '합법적인 자식'과 '사생아'의 구분도 사라졌다.

150년에 걸쳐 구축된, 성 역할 구분을 기초로 한 모델이 무너지는 데 걸린 시간은 불과 25년이었다. 1970년대 미국 여성들은 법적인 권리, 교육, 피임, 취업에서 그녀들의 어머니들이 꿈같은 일이라고 생각했던 모든 것을 성취했다.

남의 나라 이야기라서 그 변화를 실감하지 못할 수도 있겠다. 우리나라는 어떨까? 5·16 직후 대대적으로 벌어졌던 사회 개혁 중 하나가 축첩(蓄妾)공무원 파면이었다. 1960년대까지 첩이 있었다는 이야기다. 그것도 몰래가 아니라 버젓이 대놓고.

1960년대 농촌 풍경 하나만 소개하자. 저녁 무렵 동네 유지가 집을 나서면 동네 사람들이 물었다. "어르신, 어디 가십니까?" 동네 유지는 태연하게 "작은 집에 간다네."라고 대꾸

하였고 사람들은 부러운 눈길로 유지를 바라보았다. 작은 집이란 말할 것도 없이 첩실이 사는 집이다.

1945년 8월, 임영신이 조직한 조선여자국민당은 여권신장을 위해 간통죄에 관한 쌍벌제, 부부의 재산을 별도로 취급하는 부부별산제(夫婦別産制), 축첩 및 중혼을 금하는 '일부일처제'의 결혼법을 요구했고, 1948년 공포된 대한민국 헌법에 남녀평등과 여성의 참정권이 보장되었다. 일부일처제까지 요구사항에 들어 있었다. 법령은 통과되었지만 사람들의 습성을 바로 바꾸지는 못했고 그게 20년 가까이 이어져 온 것이다.

'축첩한 사람은 공천을 주지 마라.' '축첩한 공무원을 단속하라.' 1967년 4월, 서울 YWCA 회관에서 여성단체들이 모여 심포지엄을 연 뒤 발표한 10개 항의 결의문에도 첩 이야기는 또 등장한다. 거의 1960년대 말까지 우리나라는 비공식적으로 일부다처제 사회였다. 상상이 가는가?

1977년, 동성동본인 20대 남녀가 유서를 남기고 여의도 모 호텔 옥상에서 투신자살했다. 우리나라는 1997년 헌법재판소의 위헌 판결 전까지 성(姓)과 본관[本貫: 조상들이 살던 지방을 말하며 원적(原籍)이라고도 한다. 가령 김해(金海) 김(金)씨라고 했을 때 '김해'가 본관이다]이 같은 동성동본 부부의 혼인신고를 받지 않았다.

5대 성씨 본관은 김해 김씨, 밀양 박씨, 전주 이씨, 경주 김씨, 경주 이씨로 전 인구의 거의 4분의 1이다. 혼인 신고도 못한 수만의 커플들이 고통의 삶을 살아야 했다. 동성동본 혼인금지 철폐를 입안하던 여성 의원은 유림(儒林)으로부터 "네 년은 아들하고도 그 짓을 할 년"이라는 엽서까지 받았다.

동성동본 금혼은 2000년 7월 법무부가 동성동본 금혼폐지를 포함하는 민법개정안을 발표한 후 2005년 3월 이 민법개정안이 국회 본회의를 통과하면서 역사 속으로 사라졌다. 40년 만의 일이다. 납득이 가는가. 그랬던 나라에서 얼마 전 동성동본도 아니고 '무려' 동성 커플이 떠들썩하게 결혼식을 올렸다. 첩이 있던 나라에서 동성이 결혼하는 나라까지 걸린 시간은 겨우 50년이다. 과거는 생각보다 멀리 있지 않고 변화는 예상보다 빠르다.

영화 속
결혼 이야기

변화를 싫어하는 사람도 있고 적극적으로 수용하는 사람도 있다. 그러나 확실한 것은 이제 우리는 과거로 돌아가지 못한다는 사실이다. 우리가 생각하는 일반적인 가족의 모델은 이미 수명을 다했다. 미국의 경우 남편은 돈을 벌고 아내는 가사를 돌보면서 2명 내외의 자녀를 양육하는 가족은 전체 인구의 7%에 불과하다. 최근 통계가 아니라 35년 전 통계다. 머릿속에서 아직도 전통적인 결혼을 꿈꾼다면 심각한 비정상이다.

대학원생들과 결혼에 관한 세미나를 한 적이 있다. 동거, 결혼, 대한민국에서 결혼하기, 이혼, 일부일처제 등이 주요

논제였다. 결론은 놀라웠다. 스테파니 쿤츠(Stephanie Coontz)는 『진화하는 결혼』이라는 책에서 "만약 우리가 모든 사람에게 평생 해로해야 한다는 규범을 다시 강요한다면 결혼의 혜택 중 많은 것이 사라져 버릴 것"이라는 결론을 내렸다. '결혼 = 필수 = 평생 해로'라는 공식이 더 이상 통용되지 않는다는 이야기다. 학생들과의 세미나 결과도 다르지 않았다. '결혼 = 선택 = 해로하면 좋지만 필수는 아님'이라는 결론이 나왔다.

대중문화는 현실을 반영한다. 반영은 두 가지 방식으로 이루어진다. 하나는 해당 사회의 척도다. 그 사회가 어떤 가치관을 가지고 있는지를 문화의 형식으로 설명한다. 다른 하나는 세태의 변화를 선도하는 것이다. 1992년에 나온 최민수, 심혜진 주연의 영화 「결혼 이야기」는 가문 대 가문의 결합으로 결혼을 이해했던 시대에 던지는 결별 선언이었다. 두 사람은 오로지 자신들의 뜻에 따라 결혼하고 이혼하고 재결합한다. 시댁 식구들은 코빼기도 비치지 않는다.

당당한 심혜진의 캐릭터는 결혼 후 임신과 더불어 직장을 그만 두었던 구시대 여성상에 대한 반란이었다. 그녀는 아이를 갖는 것을 미루고 사회적인 성공을 꿈꾼다. 그 욕망이 남편인 최민수와 충돌을 일으켜 파경까지 가지만 당시 심혜진에 대한 여성들의 열광은 대단했다. 코카콜라 CF를 통해 거

칠 것 없는 신세대를 보여 준 캐스팅은 정확했고 그녀는 모
자람 없이 관객에게 대리만족을 선사했다. 대한민국은 21세
기 직전 결혼 앞에서 당당할 수 있는 여성을 만날 수 있었다.

10년이 지난 2002년 또 한 편의 문제작이 극장에 걸린다.
이만교 원작의 동명 소설을 스크린에 옮긴 「결혼은 미친 짓
이다」이다. 결혼은 보편적인 것이고 미혼은 결핍된 것이라
는 세간의 인식에 반기를 들었던 것이 기본 메시지다. 이 영

화에서 주인공인 연희(엄정화)는 사랑과 결혼 사이에서 고민 끝에 두 집 살림을 하는 여성으로 등장한다. 사랑하는 남자는 돈벌이가 시원찮은 대학 강사 준영이다. 선이 들어온 남자는 의사다.

경제학 용어인 기회비용은 여러 가능성 중 하나를 선택했을 때 그 선택으로 인해 포기해야 하는 가치를 말한다. 특히 선택할 수 있는 가치 중에서 선택한 것을 제외한 나머지 중 가장 높은 가치다. 연희에게 결혼의 기회비용은 사랑이었다. 그녀에게 안락한 삶을 보장해 줄 수 있는 것은 사랑이 아니라 결혼이다. 그녀는 당연히 결혼을 선택했고 사랑을 잃었다.

그래서 그녀는 단순한 속물이 아니라 경제학적 속물이다. 그러나 연희는 거기서 멈추지 않는다. 포기해야 맞는 사랑까지 가지려 든다. 그래서 준영과 몰래 제2의 신접살림을 차린다. 이 영화는 계몽적이지 않고 솔직하다. 1970~1980년대 영화였다면 권선징악으로 끝났을 것이다. 둘은 한바탕 크게 다투고 헤어지지만 연희는 어느 날인가 다시 준영을 찾아온다. 아마 준영도 연희를 받아 줄 것이다.

역시 사랑하는 것은 준영이지만 연희는 남편과 헤어지지 않는다. 그것은 이혼에 따른 경제적, 심리적, 사회적 비용이 더 크기 때문이다. 그녀는 결혼 생활을 유지하는 것이 이혼보다(기회비용) 더 큰 효용이 있다고 판단했다. 이 발랄하고 발칙한 여성은 몇 년 후 다시 스크린에 등장한다. 훨씬 더 대범하고 경제학 같은 것은 아예 따지지도 않는 그야말로 '막무가내' 정신으로.

2008년, 「아내가 결혼했다」가 개봉했다. 제목부터가 논리적으로 모순이다. 아내는 나와 결혼한 여자를 말하는데 그 여자가 결혼했다니. 중혼은 엄밀하게 사회적 금기다. 결혼을 두 사람과 할 수는 없다. 그러나 영화 속에서 아내는 남편에게 당신도 좋지만 그 사람도 좋으니 당신이 어떻게든 참아보라고 말한다. 아내는 두 남자 사이를 오가며 산다.

오피스 와이프(office wife) 혹은 오피스 허스번드(office husband)라는 것이 있다. 통칭 오피스 스파우스(office spouse)라고 한다. 오피스 스파우스는 직장 내에서 배우자처럼 친밀한 관계를 유지하는 동료를 말한다. 업무적인 도움을 받을 수 있고 다른 시각의 충고를 들을 수 있으며 회사생활의 활력소가 된다는 것이 긍정론자들의 입장이다. 한 일간지 보도에 의하면 10명 중 4명이 찬성이며 그중 하나가 오피스 '와이프'나 오피스 '허스번드'를 가지고 있다고 대답했다.

세계에서 가장 유명한 오피스 스파우스 관계는 조지 부시(George W. Bush) 전 미국 대통령과 콘돌리자 라이스(Condoleezza Rice)다. 콘돌리자 라이스는 인터뷰 도중 부시 대통령을 가리키면서 "우리 그이"

라는 표현을 썼다. 부시는 실제로 영부인인 로라(Laura) 부시보다 라이스와 더 많은 시간을 보냈다. 물론 대통령 재임 기간 중이다.

그것은 결혼과 아주 다른 문제라고? 아니다. 친밀감의 밀도라는 측면에서 섹스 같은 것은 그렇게 중요하지 않다. 만약 아내가 아닌 다른 여자에게 고민을 털어놓는 것이 더 편하다면 그 남자의 정신세계는 온전히 아내의 것이 아니다.

일부일처제를 모노가미(monogamy)라고 한다. 부나 처 중 어느 한쪽이 많은 것을 폴리가미(polygamy)라고 한다. 「아내가 결혼했다」는 어쩌면 곧 현실로 다가올지 모르는 폴리가미 시대의 예고편일까? 단정지어 아니라고 말하기는 어렵다. 인류가 선택한 결혼의 형식에 제한은 없었다.

당신은
어떤 결혼을 선택할 것인가

2002년, 한 방송국의 설문 조사 결과 대학생 54%가 동거에 찬성했다. 이 중 8%는 해본 적이 있다고 대답했다. 2004년, 「동아일보」가 대학생 1,000명을 대상으로 한 설문에서는 '상황에 따라 가능하다'가 51.6%였다. 2007년, 대구 가톨릭대 총학생회와 경상북도가 경북 지역 대학생을 상대로 한 조사에서는 찬성이 67.1%였다. 2010년, 통계청 조사에 의하면 20대의 60%가 동거에 긍정적인 반응을 보였다.

70~80%로 올라가야 대세가 되는 것이 아니다. 순식간에 바뀔 수 있다. 다이너마이트로 치자면 심지가 다 타 들어가 터지기 직전의 상황이다. 이제 설문의 내용을 바꿔야 할 때

가 된 것 같다. 동거를 어떻게 이해하는가? 그러니까 연애와 결혼 사이의 중간 단계로서의 동거냐 아니면 결혼의 다른 방식으로의 동거냐를 물어야 할 때가 온 것이다.

확실한 것은 젊은 세대의 결혼이 부모의 영역에서 벗어나기 시작했다는 사실이다. 장례가 돌아간 부모의 행사가 아닌 것처럼 결혼은 이제껏 당사자들의 행사가 아닌 혼주, 즉 부모의 행사였다. 여기에 균열이 생긴 것이다. 물론 동거 커플은 아무런 법적인 보호를 받지 못한다. 이것은 동거 전 두 사람이 반드시 작성해야 하는 계약서와는 다른 문제다.

'팍스(le pacs)'는 프랑스에서 동거 커플을 가리키는 말이다. 그 급진적이라는 프랑스에서조차 이들에 대한 법적 지위를 보장한 것은 1999년이다. 물론 선발주자가 있으니 후발주자들은 좀 편하게 이를 성취할 수는 있겠다. 그래도 멀고 험한 길이다. 만난 지 몇 달 혹은 몇 주 만에 동거를 시작하는 사람들이 있다. 이것은 동거가 아니다. 그저 같은 공간을 쓰는 연애다. 동거는 새집을 마련해서 출발해야 한다는 것이 동거 선진국(?)들의 조언이다. 너무 어린 나이에 시작하는 것은 소꿉장난이나 다름없다.

참고로 민법 제808조는 "남자는 26세, 여자 23세가 되면 호주의 승낙 없이도 결혼할 수 있다"고 되어 있다. 법을 지키라는 이야기가 아니다. 법이 만들어지기까지의 숙고를 이해하라는 뜻이다. 그 정도 나이가 되어야 한 사회에서 두 사람의 남녀가 경제적인 자립 상태로 살아갈 수 있으리라 추정한 최소치이기 때문에 그렇다.

진짜 문제는 동거 따위의 '사소한' 것이 아니다. 그것은 정절과 이혼에 관한 고민이다. 정절은 부부의 의무였다. 지금도 그렇다. 그러나 그것을 지키고 사는 사람은 많지 않다. 앞서 말한 대로 전국의 모텔은 2만 5,000개다. 일회성인 성매매나 이른바 '원 나잇'은 제외하더라도 지속적인 만남의 장소로 이용되는 경우도 적지 않을 것이다. 이 중에는 단지 쾌락이 아닌 진짜 연애를 하는 커플도 있을 것이다.

이 부분이 가장 고민이 되는 지점이다. 나의 행복과 배우자에 대한 배신 사이의 갈등이다. 답이 쉽지 않다. 100세 시대란다. 서른 살에 결혼을 하면 70년을 같이 살아야 한다. 3년이면 콩깍지가 벗겨진다는데 그 시간의 무려 23배다. 감당할 수 있겠는가? 장담할 수 있겠는가?

계약결혼이라는 동거 형식을 전 세계에 알리고 살았던 커플이 있다. 사르트르(Jean P. Sartre)와 보부아르(Simone de Beauvoir) 커플이다. 이들이 세운 원칙은 세 가지였다. 우연히 찾아온 사랑을 인정한다, 거짓말을 하지 않는다, 경제적으로 서로 독립한다. '우연히 찾아온' 사랑을 그들은 서로 인정했다. 그리고 그에 대한 거짓말을 하지 않은 대가로 둘은 수많

은 불면의 밤을 보내야 했다. 상호 정절로 인한 감옥이나 족쇄냐 아니면 다소간 허용을 통한 고통이냐 둘 다 만만치 않아 보인다.

　이 책을 읽을 정도의 나이면 실은 이미 기성세대다. 즉, 다음 세대는 독자 여러분을 말하는 것이 아니며, 여러분의 동생도 아니고 조카뻘 되는 아이들을 말한다.

　사회학자 메일리즈(Davidyne Mayleas)는 다부모 가족 제도가 장차 지배적인 가족 형태로 자리 잡을 것이라고 주장한다. 이혼부부가 자녀를 데리고 재혼하는 '집합 가족'은 보편

화될 것이고 이 집합 가족이 여러 개 모여 경제와 섹스를 공동으로 부담, 소유하는 22세기형 공동체가 등장할 가능성도 조심스럽게 점쳐지고 있다.

이런 점에서 현생 인류의 직계 조상으로 알려진 호모 에렉투스(Homo Erectus)가 평균 20명 내외로 가족을 구성했던 것은 흥미롭다. 어쩌면 3명의 아버지, 5명의 어머니 그리고 10명 남짓한 아이들로 구성된 가족을 150만 년 만에 다시 만나게 될지도 모르기 때문이다.

휴 그랜트(Hugh Grant) 주연의 「어바웃 어 보이」를 보면, 끝 부분에서 '어쨌거나' 인연이 있었던 사람들이 한자리에 모여 먹고 마신다. 그들은 모두 행복해 보인다. 영화는 사회적 파장을 염려해서 결말을 유보하고 있지만 행간을 읽는 일은 어렵지 않다. 영화는 그 가능성을 조심스럽게 타진한다. 미래의 결혼 제도는 다음 네 가지 중 하나일 가능성이 높다. 물론 각자 선택할 몫이다.

- 자녀를 낳아 정식 부부가 될 때까지는 동거 생활을 하는 변형된 일부일처제
- 배우자의 이성이나 동성 간의 성행위를 일부 혹은 무제한으로 허용하는 열린 일부일처제
- 공동체의 형태 속에서 질투와 불화(不和)를 느끼지 않고

다양한 성(性)과 다양한 만남을 허용하는 공동결혼 제도 혹은 가족공동체

- 고도의 탈산업사회에서도 굳건한 일부일처 핵가족 공동체

지금 20~30대는 결혼 혁명의 마지막 과도기를 넘고 있다. 그래서 더 힘들다. 그래서 더더욱 고민해야 한다. 나는 왜 결혼하려 하는가? 결혼에서 내가 얻을 것은 무엇인가? 결혼에서 내가 치르게 될 대가는 어떤 것인가? 마지막으로 내가 염두에 두고 있는 그 사람도 이런 문제를 고민하고 있을까? 서로가 지칠 때까지 대화하고 실습해 보고 반성해야 한다.

답이 없는 문제라서 고단하다. 그런데 원래 인생은 그런 것이다. 다들 그렇게 살아왔고 그렇게 살다 죽었다. 인류의 긴 여정에 쉬웠던 순간은 한 번도 없었다.

3주 동안 서로 연구하고
3개월 동안 서로 사랑하고
3년 동안 시작한다.

- 텐 -

마치며

책을 다 쓰고 난 뒤에 이렇게 사족을 붙이는 이유를 독자 여러분은 어떻게 생각할지 모르겠다. 일단은 실력이 달려서 그렇다. 하고 싶은 말을 다 못한 것 같아, 그것을 명료하게 글로 풀어놓지 못한 것 같아 덧붙여 쓰게 된다. 두 번째는 습관 때문이다. 나는 정말 중요한 말을 제일 뒤로 빼놓는 좋지 못한 습관을 가지고 있다. 시작할 때는 어떻게든 본문에 밀어 넣자고 마음먹지만 이상하게도 매번 그렇게 된다.

우리의 삶과 말은 대부분 이성적이다. 화해, 용서, 감사 등 세상을 지탱하는 대부분의 단어는 이성에서 출발한다. 심지어 이타심이라는 단어도 이기심의 진화적 전략이라는 이성의 작동 범위 안에 있다. 그런데 사랑이라는 단어는 아니다. 사랑은 이성과 정반대편에 서 있으며 그래서 사랑은 분석하고 선택하는 것이 아니라 '빠지는' 거다. 밤길을 걷다가 움푹 파인 곳에서 중심을 잃고 휘청대는 것처럼 사랑은 항상 우리에게 그렇게 다가온다. 이 사실은 사뭇 경이롭기까지 하다. 이제껏 인류의 삶을 유지해온 것이 이성적인 판단이 아니라 비이성적인 감정이라니. 문제는 이 비이성적인 감정이 결혼이라는 제도화되고 이성적인 관습과 만나 뒤틀린다는 것이다.

지식으로 살펴본 결혼의 역사는 그다지 아름답지 않았다. 결혼은 인류의 역사에서 그리 아름답지 못하게 시작되고 전개되었으며, 현재에도 매우 아름답지 못한 모습을 띠고 있다. 미래의 결혼이 아름답게 전개되리라고 예측하는 것은 낙관이 아니라 바보의 영역이다. 그럼에도 사람들은 끊임없이 결혼해왔고, 결혼하고 있으며, 앞으로도 생판 모르는 남녀가, 혹은 남남, 여여가 만나 결혼식을 올리고 가정을 일구며 살아갈 것이다. 도대체 왜? 그들이 너무 무지해서? 결혼의 본질과 역사를 전혀 몰라서?

결혼을 앞두고 참으로 바쁘겠지만 가능하다면 홀로 있는 시간을 만들어 스스로에게 진지하게 한번 물어보라. "나는 내 결혼 상대를 하느님으로 모실 몸과 마음의 자세가 되어 있는가?" 다시 묻는다. "눈에서 콩깍지가 떨어지고 난 뒤 찾아든 권태기. 아내와 그 주변 사람들에게서 온갖 약점이 보이고 정나미 떨어지는 일 조차 속속들이 알게 됐을 때도 그를 하느님으로 모실 수 있느냐? 아내는, 가장 약한 모습으로 우리 곁에 오신 진짜 하느님이라는 사실을, 늘, 잊지, 않겠느냐……"

앞에서도 적었지만 나는 이 글을 옮기다가 조용히 눈물을 흘렸다. 갑자기 아내가 생각났기 때문만은 아니다. 머리는 결혼이 인류가 만들어놓은 가장 기묘하고 이상한 제도라 적게 했다. 그러나 마음 속 깊은 곳에는 단지 그것만은 아니라고 도리질을 하는 내가 있었다. 진실은 머릿속 어딘가의 생각에 있지 않았다. 그것은 따뜻한 피가 뛰는 심장 근처에 있었다. 우리의 삶이 그렇다. 비료 값도 안 되는 소출에도 불구하고 매년 논과 밭을 가는 농사꾼을 보라. 그는 계산으로 땅을 일구지 않는다. 땅을 뚫고 솟아나는 생명에 대한 외경과 노동에 대한 대지의 묵묵한 보답 때문에 투덜거리면서도 계산기를 내던지고 다시 쟁기를 꺼내든다. 결혼도 같다. 비록 결혼이 약탈에서 시작해 가문간의 거래를 거쳐 금품과 권력과 뻔뻔한 욕망으로 뒤죽박죽되었다 하더라도 결혼의 근본은 결국 사랑이다. 피 한 방울 섞이지 않은 남남이 만나 새로운 생명을 내놓고 한평생을 살아가는 기적을 우리는 이제껏 보아왔다. 아내를, 남편을, 가장 약한 모습으로 우리 곁에 오신 진짜 하느님이라 생각하고 한평생을 살아간 이들 덕에 인류는 지금껏 존속해왔고 한 사람 한 사람 개개인이 소중한 삶을 얻었다. '사람'이라는 단어와 '사랑'이라는 단어가 그토록 닮은 건 우연이 아니다. 사람이니까 사랑이고 사랑이니까 사람이다.

그러나 결혼은 사랑의 방식이 아니라 생활의 방식이다. 결혼에서 발생하는 수많은 소음과 충돌은 사랑의 방식을 생활의 방식에 조화롭게 잇지 못했기 때문이다. 우리가 삶을 진중하지만 경쾌하게 바라봐야 하는 것처럼 기나긴 역사가 결혼에 짐 지워 놓은 말도 안 되는 풍습과 폐해를 가볍고 경쾌하게 타넘어야 한다. 인류는 그만큼 충분히 영리하며 그 인류 중에서도 한국인은 특히 똑똑하고 심지어 도전적이기까지 하다. 사랑은 결혼을 기적으로 만든다. 바로 그게 당신이다.

참고문헌 ——

강수돌 외, 『결혼 전 물어야 할 한 가지』, 샨티, 2011.

김남, 『노컷조선왕조실록』, 어젠다, 2014.

김용환, 『모건의 가족 인류학』, 살림출판사, 2007.

김형자, 『어른들도 모르는 남과 여의 과학』, 갤리온, 2010.

남인숙, 『나는 무작정 결혼하지 않기로 했다』, 리더스북, 2012.

디트리히 슈바니츠, 인성기 옮김, 『지구에서 가장 특이한 종족 남자』, 들녘, 2002.

루이스 모건, 최달곤 옮김, 『고대사회』, 문화문고, 2000.

리처드 도킨스, 홍영남 옮김, 『이기적 유전자』, 을유문화사, 1993.

미나미 미쓰야키, 김예진 옮김, 『역시 내 결혼 전략은 잘못됐다』, 디앤씨, 2013.

박태균, 『사건으로 읽는 대한민국』, 역사비평사, 2013.

배영기, 『결혼의 역사와 문화』, 한국학술정보(주), 2006.

수잔 스카이어, 박수연 옮김, 『I don't(남자들은 덮고 싶고 여자들은 알고 싶은 결혼의 역사)』, 뿌리와 이파리, 2009.

스테이시 휘트먼 외, 노진선 옮김, 『동거의 기술』, 열번째 행성, 2005.

스테파니 쿤츠, 김승욱 옮김, 『진화하는 결혼』, 작가정신, 2009.

시오노 나나미, 김석희 옮김, 『로마인 이야기』, 한길사, 1995.

아널드 라자루스, 박경애 옮김, 『결혼의 신화』, 시그마북스, 2012.

앙드레 미셸, 변화순·김현주 옮김, 『가족과 결혼의 사회학』, 한울, 1991.

앤드류 브라이언트 외, 심혜원 옮김, 『작업의 기술』, 서울 북스, 2007.

양태자, 『중세의 뒷골목 사랑』, 이랑, 2012.

에두아르트 푹스, 이기웅 옮김, 『풍속의 역사』, 까치, 2001.

이득재, 『가족주의는 야만이다』, 소나무, 2001.

자비네 에르트만 외, 이명희 옮김,『리스크 없이 바람 피우기』, 만물상
　　자, 2003.

전선인간(최우원),『모텔비가 아까운 남자』, 북웨이, 2011.

전혜진,『천만 원으로 결혼할 수 있을까』, 니들북, 2013.

존 그레이,『화성에서 온 남자, 금성에서 온 여자』, 친구, 1996.

프리드리히 엥겔스, 김대웅 옮김,『가족의 기원』, 아침, 1985.

한국외국어대학교,『세계의 혼인문화』, 한국외국어대학교출판부,
　　2005.

황상민,『짝, 사랑』, 들녘, 2011.

결혼

펴낸날	초판 1쇄 2014년 10월 10일

지은이	남정욱
펴낸이	심만수
펴낸곳	(주)살림출판사
출판등록	1989년 11월 1일 제9-210호

주소	경기도 파주시 광인사길 30
전화	031-955-1350 팩스 031-624-1356
기획·편집	031-955-4671
홈페이지	http://www.sallimbooks.com
이메일	book@sallimbooks.com

ISBN	978-89-522-2948-9 04080

※ 값은 뒤표지에 있습니다.
※ 잘못 만들어진 책은 구입하신 서점에서 바꾸어 드립니다.

이 도서의 국립중앙도서관 출판시도서목록(CIP)은 서지정보유통지원시스템 홈페이지
(http://seoji.nl.go.kr)와 국가자료공동목록시스템(http://www.nl.go.kr/kolisnet)에서
이용하실 수 있습니다.(CIP제어번호: CIP2014028027)

책임편집	**박종훈**

384 삼위일체론

eBook

유해무(고려신학대학교 교수)

기독교에서 믿는 하나님은 어떤 존재일까? 성부 하나님과 성자 예수, 그리고 성령이 계시며, 이분들이 한 하나님임을 이야기하는 삼위일체론은 기독교 교회가 믿고 고백하는 핵심 교리다. 신구약 성경에 이 교리가 어떻게 나타나 있으며, 초기 기독교 교회의 예배와 의식에서 어떻게 구현되었고, 2천 년 동안의 교회 역사를 통해 어떤 도전과 변화를 겪으며 정식화되었는지를 일목요연하게 정리했다.

315 달마와 그 제자들

eBook

우봉규(소설가)

동아시아 불교의 특징은 선(禪)이다. 그리고 선 전통의 터를 닦은 이가 달마와 그에서 이어지는 여섯 조사들이다. 이 책은 달마, 혜가, 승찬, 도신, 홍인, 혜능으로 이어지는 선승들의 이야기를 통해 선불교의 기본사상을 이해하도록 돕는다.

041 한국교회의 역사

eBook

서정민(연세대 신학과 교수)

국내 전체인구의 25%를 점하고 있는 기독교. 하지만 우리는 한국 기독교의 역사에 대해서 너무나 무지하다. 이 책은 한국에 기독교가 처음 소개되던 당시의 수용과 갈등의 역사, 일제의 점령과 3·1운동 그리고 6·25 전쟁 등 굵직굵직한 한국사에서의 기독교의 역할과 저항, 한국 기독교가 분열되고 성장해 왔던 과정 등을 소개한다.

067 현대 신학 이야기

eBook

박만(부산장신대 신학과 교수)

이 책은 현대 신학의 대표적인 학자들과 최근의 신학계의 흐름을 해설한다. 20세기 전반기의 대표적인 신학자인 칼 바르트와 폴 틸리히, 디트리히 본회퍼, 그리고 현대 신학의 중요한 흐름인 해방신학과 과정신학 및 생태계 신학 등이 지닌 의미와 한계가 무엇인지를 친절하게 소개하고 있다.

099 아브라함의 종교 유대교기독교이슬람교 eBook

공일주(요르단대 현대언어과 교수)

이 책은 유대교, 이슬람교, 기독교가 아브라함이라는 동일한 뿌리에서 갈라져 나왔다는 점에 주목한다. 저자는 이를 추적함으로써 각각의 종교를 그리고 그 종교에서 나온 정치적, 역사적 흐름을 설명한다. 이스라엘과 팔레스타인으로 대변되는 다툼의 중심에는 신이 아브라함에게 그 땅을 주겠다는 약속이 있음을 명쾌하게 밝히고 있다.

221 종교개혁 이야기 eBook

이성덕(배재대 복지신학과 교수)

종교개혁은 단지 교회사적인 사건이 아닌, 유럽의 종교·사회·정치적 지형도를 바꾸어 놓은 사건이다. 이 책은 16세기 극렬한 투쟁 속에서 생겨난 개신교와 로마 카톨릭 간의 분열을 그 당시 치열한 삶을 살았던 개혁가들의 투쟁을 통해 보여 주고 있다. 마르틴 루터, 츠빙글리, 칼빈으로 이어지는 종파적 대립과 종교전쟁의 역사들이 한 편의 소설처럼 펼쳐진다.

263 기독교의 교파

남병두(침례신학대학교 교수)

하나의 교회가 역사적으로 어떻게 다양한 교파로 발전해왔는지를 한눈에 보여주는 책. 교회의 시작과 이단의 출현, 신앙 논쟁과 이를 둘러싼 갈등 등이 파노라마처럼 펼쳐진다. 사도행전에 나타난 교회의 시작과 이단의 출현에서부터 초기 교회의 분열, 로마가톨릭과 동방정교회의 분열, 16세기 종교개혁을 지나 18세기의 감리교와 성결운동까지 두루 살펴본다.

386 금강경

곽철환(동국대 인도철학과 졸업)

『금강경』은 대한불교조계종이 근본 경전으로 삼는 소의경전(所依經典)이다. 『금강경』의 핵심은 지혜의 완성이다. 즉 마음에 각인된 고착 관념이 허물어져 어디에도 집착하지 않는 상태를 말한다. 이 책은 구마라집의 『금강반야바라밀경』을 저본으로 삼아 해설했으며, 기존 번역의 문제점까지 일일이 지적해 독자들의 이해를 돕고자 했다.

013 인도신화의 계보 `eBook`

류경희(서울대 강사)

살아 있는 신화의 보고인 인도 신들의 계보와 특성, 신화 속에 담긴 사상과 가치관, 인도인의 세계관을 쉽게 설명한 책. 우주와 인간의 관계에 대한 일원론적 이해, 우주와 인간 삶의 순환적 시간관, 사회와 우주의 유기적 질서체계를 유지하려는 경향과 생태주의적 삶의 태도 등이 소개된다.

309 인도 불교사 붓다에서 암베드카르까지 `eBook`

김미숙(동국대 강사)

가우타마 붓다와 그로부터 시작된 인도 불교의 역사를 흥미롭고도 일목요연하게 정리한 책. 붓다가 출가해서, 그를 따르는 무리들이 생겨나고, 붓다가 생애를 마친 후 그 말씀을 보존하기 위해 경전을 만드는 등의 이야기들이 한눈에 들어온다. 또한 최근 인도에서 다시 불고 있는 불교의 바람에 대해 소개한다.

281 예수가 상상한 그리스도

김호경(서울장신대학교 교수)

예수가 그리스도라는 것은 어떤 의미인가? 이 책은 신앙적 고백과 백과사전적 지식 사이에서 현재 예수 그리스도가 가진 의미를 묻고 있다. 저자는 이러한 문제의식을 바탕으로 예수가 보여준 질서와 가치가 우리와 얼마나 다른지, 그를 따르는 것이 왜 우리에게 익숙하지 않은 일인지를 보여주고 있다.

346 왜 그 음식은 먹지 않을까 `eBook`

정한진(창원전문대 식품조리과 교수)

세계에는 수많은 금기음식들이 있다. 유대인과 이슬람교도들은 돼지고기를 먹지 않고, 힌두교도의 대부분은 소고기를 먹지 않는다. 개고기 식용에 관해서도 말들이 많다. 그들은 왜 그 음식들을 먹지 않는 것일까? 음식 금기 현상에 접근하는 다양한 방식을 통해 그 유래와 문화적 배경을 살펴보자.

eBook 표시가 되어있는 도서는 전자책으로 구매가 가능합니다.

㈜살림출판사

www.sallimbooks.com

주소 경기도 파주시 문발동 522-1 | 전화 031-955-1350 | 팩스 031-955-1355